First Russian Medical Reader for Health Professions and Nursing

Vlada Tao

First Russian Medical Reader for Health Professions and Nursing

Bilingual for Speakers of English

Speak, write, and understand basic Russian in no time

LANGUAGE
PRACTICE
PUBLISHING

First Russian Medical Reader for Health Professions and Nursing
by Vlada Tao

Homepage and Audio tracks: www.lppbooks.com/Russian/FRMR/En
www.audiolego.com

Graphics: Audiolego Design
Images: Audiolego Studio

Second edition
Copyright © 2015 2016 2018 Language Practice Publishing
Copyright © 2016 2018 Audiolego

This book is in copyright. Subject to statutory exception and to the provisions of relevant collective licensing agreements, no reproduction of any part may take place without the written permission of Language Practice Publishing.

Оглавление
Table of contents

How to control the playing speed 8

Russian alphabet 9

Глава 1 Это моя медицинская карточка **11**

Глава 2 Где я могу записаться на приём? **16**

Глава 3 Анатомический атлас **22**

Глава 4 Внутренние органы **27**

Глава 5 ЛОР-врач (отоларинголог) ещё принимает? **31**

Глава 6 Расскажите, какие у Вас жалобы **38**

Глава 7 Доктор устанавливает диагноз **44**

Глава 8 Эхоскан **50**

Глава 9 Как давно у Вас эти симптомы? **56**

Глава 10 Вам нужно сделать несколько тестов **63**

Глава 11 Вы можете выписать мне больничный? **70**

Глава 12 Могут быть серьёзные осложнения **76**

Глава 13 Что с моей рукой? **82**

Глава 14 На какое время это облегчит моё состояние? **89**

Глава 15 Мы не можем делать сегодня прививку **95**

Глава 16 Что бывает, если не лечить пародонтит? **101**

Глава 17 Мне нужна самая хорошая и надёжная пломба **108**

Глава 18 У вас есть аллергия на какие-то препараты? **114**

Глава 19 Протезирование **119**

Глава 20 Мне в руку попал осколок стекла **126**

Глава 21 Позвоните нам, чтобы записаться на пломбирование второго зуба **131**

Russian-English Dictionary **134**

English-Russian Dictionary **151**

Приложения Appendixes **166**

The 1300 important Russian words **174**

Дни недели **174**

Месяцы **174**

Сезоны года **174**

Семья **174**

Внешность и качества **175**

Эмоции **175**

Одежда **176**

Дом и мебель **177**

Кухня **178**

Посуда **178**

Еда **178**

Мясо и рыба **179**

Фрукты **180**

Овощи **180**

Напитки **181**

Приготовление еды (готовка) **181**

Уборка **181**

Уход за телом **182**

Погода **182**

Транспорт	183
Город	183
Профессии	186
Действия	187
Музыка	187
Спорт	189
Тело	189
Природа	190
Домашнее животное	191
Животные	191
Птицы	191
Цветы	192
Деревья	192
Море	193
Цвета	193
Размер	193
Материалы	194
Аэропорт	194
География	195
Преступления	195
Числа	196
Порядковые числительные	197
Recommended books	198

How to control the playing speed

The book is equipped with the audio tracks. The address of the home page of the book on the Internet, where audio files are available for listening and downloading, is listed at the beginning of the book on the bibliographic description page before the copyright notice.

We recommend using free **VLC media player** to control the playing speed. You can control the playing speed by decreasing or increasing the speed value on the button of the VLC media player's interface.

Android users: After installing VLC media player, click an audio track at the top of a Kapitel or on the home page of the book if you read a paper book. When prompted choose "Open with VLC". If you experience difficulties opening audio tracks with VLC, change default app for music player. Go to Settings→Apps, choose VLC and click "Open by default" or "Set default".

Kindle Fire users: After installing VLC media player, click an audio track at the top of a Kapitel or on the home page of the book if you read a paper book. Complete action using →VLC.

iOS users: After installing VLC media player, copy the link to an audio track at the top of a Kapitel or on the home page of the book if you read a paper book. Paste it into Downloads section of VLC media player. After the download is complete, go to All Files section and start the downloaded audio track.

Windows users: After installing VLC media player, right-click an audio track at the top of a Kapitel or on the home page of the book if you read a paper book. Choose "Open with→VLC media player".

MacOS users: After installing VLC media player, right-click an audio track at the top of a Kapitel or on the home page of the book if you read a paper book, then download it. Right-click the downloaded audio track and choose "Get info". Then in the "Open with" section choose VLC media player. You can enable "Change all" to apply this change to all audio tracks.

Русский алфавит
Russian alphabet

Capital	Small	Handwriting	Name	IPA	English example
А	а	*Аа*	а [a]	/a/	a in rather
Б	б	*Бб*	бэ [bɛ]	/b/ or /bʲ/	b in hit
В	в	*Вв*	вэ [vɛ]	/v/ or /vʲ/	v in veal
Г	г	*Гг*	гэ [gɛ]	/g/	g in get, or h in hat
Д	д	*Дд*	дэ [dɛ]	/d/ or /dʲ/	d in do
Е	е	*Ее*	е [je]	/je/ or /ʲe/	ye in yet
Ё	ё	*Ёё*	ё [jo]	/jo/ or /ʲo/	yo in york
Ж	ж	*Жж*	жэ [zɛ]	/z/	g in genre, s in pleasure
З	з	*Зз*	зэ [zɛ]	/z/ or /zʲ/	z in zoo
И	и	*Ии*	и [i]	/i/ or /ʲi/	e in me
Й	й	*Йй*	и краткое	/j/	y in yes
К	к	*Кк*	ка [ka]	/k/ or /kʲ/	k in kitchen
Л	л	*Лл*	эл [el]	/l/ or /lʲ/	l in lock
М	м	*Мм*	эм [ɛm]	/m/ or /mʲ/	m in mat
Н	н	*Нн*	эн [ɛn]	/n/ or /nʲ/	n in not
О	о	*Оо*	о [o]	/o/	o in more
П	п	*Пп*	пэ [pɛ]	/p/ or /pʲ/	p in put
Р	р	*Рр*	эр [ɛr]	/r/ or /rʲ/	rolled r
С	с	*Сс*	эс [ɛs]	/s/ or /sʲ/	s in sea
Т	т	*Тт*	тэ [tɛ]	/t/ or /tʲ/	t in top
У	у	*Уу*	у [u]	/u/	oo in foot
Ф	ф	*Фф*	эф [ɛf]	/f/ or /fʲ/	f in fate

Х	х	*Хх*	ха [xa]	/x/	like h in harp
Ц	ц	*Цц*	це [t͡sɛ]	/ts/	ts in meets
Ч	ч	*Чч*	че [t͡ɕe]	/tɕ/	ch in chess
Ш	ш	*Шш*	ша [ʃa]	/ʃ/	similar to the sh in shop
Щ	щ	*Щщ*	ща [ɕɕa]	/ɕ/	similar to the sh in shake
Ъ	ъ	*Ъъ*	твёрдый знак	puts a distinct /j/ sound in front of the following iotified vowels	
Ы	ы	*Ыы*	ы [ɨ]	[ɨ]	like i in Billy
Ь	ь	*Ьь*	мягкий знак	/ʲ/	slightly palatalises the preceding consonant
Э	э	*Ээ*	э [ɛ]	/e/	e in met
Ю	ю	*Юю*	ю [ju]	/ju/ or /ʲu/	u in use
Я	я	*Яя*	я [ja]	/ja/ or /ʲa/	ya in yard

1

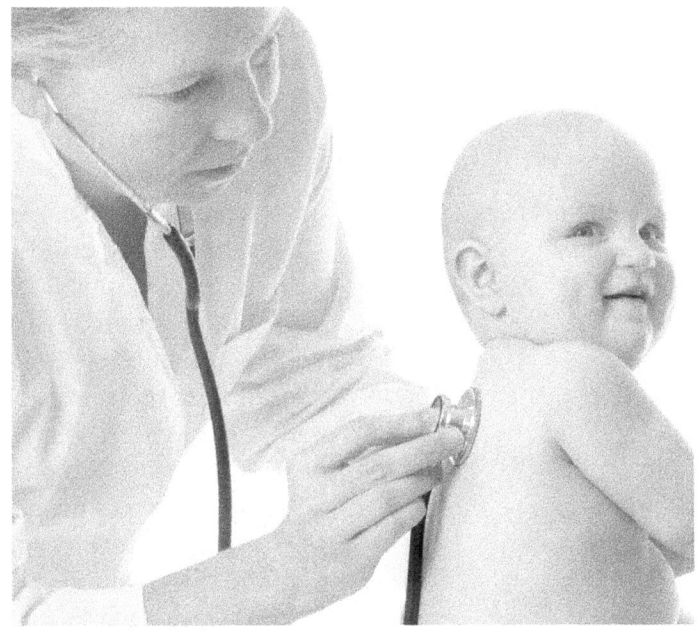

Это моя медицинская карточка
That is my medical record

А

Слова

1. адрес - address
2. антибиотик - antibiotics
3. аппарат - device
4. аптека - pharmacy
5. банк - bank
6. бинт - bandage
7. болеть - to be ill
8. большой - big
9. будет - will be
10. быть - to be
11. в - in
12. вата - cotton wool
13. ваш / ваша / ваше / ваши - your / yours
14. вечер - evening
15. витамин - vitamin
16. вот - here
17. врач - doctor, physician
18. время - time
19. второй - second
20. вы - you (formal)
21. где - where
22. год - year
23. голова - head
24. горло - throat
25. да - yes
26. давление - blood pressure
27. дать - give
28. два - two
29. двадцать - twenty
30. девять - nine
31. действовать - to act, to affect

32. делать - to do
33. дело - business
34. день - day
35. десять - ten
36. для - for
37. до - to
38. добрый - good
39. должен - must, have to
40. дом - house
41. думать - to think
42. есть - there is
43. жалоба - complaint, what bothers a patient
44. ждать - to wait
45. жить - to live
46. забирать - to pick up
47. запись - a note, record
48. здесь - here
49. здравствуйте - hello
50. и - and
51. измерять - to take, to measure
52. кабинет - office
53. каждый - each
54. как - how
55. какой - which
56. кардиолог - cardiologist
57. карточка - card, medical record
58. квартира - apartment
59. когда - when
60. комплекс - a set, in combination with
61. конечно - of course
62. контролировать - to monitor, to control
63. курс - a course
64. лучше - better
65. медицинский - medical, for medical use
66. мой - mine
67. мочь, смочь, суметь - to be able to
68. на - on
69. назначать - to prescribe
70. не - not
71. неделя - week
72. недостаточно - not enough
73. нет - no
74. но - but
75. новый - new
76. нормальный - normal
77. нужно - need, must
78. оборудование - equipment
79. обязательно - necessary, necessarily
80. он - he
81. она - she
82. оплаченный - paid, covered
83. от - from
84. открывать - to open
85. период - a period of time
86. плохо - not well
87. понедельник - Monday
88. последний - last
89. посмотреть - to look, to examine
90. прослушать - to listen
91. проходить - to go in
92. процедура - procedure
93. пульс - pulse
94. пять - five
95. работа - work, job
96. работать - to work
97. раз - one time
98. редко - rarely
99. режим - schedule, regimen
100. результат - result
101. рот - mouth
102. рука - hand
103. с - with
104. сделать - to do
105. сегодня - today
106. сейчас - right now
107. семнадцать - seventeen
108. семь - seven
109. сердцебиение - heartbeat
110. сильный - strong
111. сироп - syrup
112. сказать - to say
113. сколько - how much
114. сложный - complicated
115. сорок - forty
116. спасибо - thank you

117. стерильный - sterile
118. стол - table
119. стоматолог - dentist
120. страховка - insurance
121. таблетка - tablet
122. талончик - voucher
123. терапевт - therapist
124. терапия - therapy
125. термометр - thermometer
126. томограф - tomograph
127. тонометр - blood pressure monitor
128. у - at
129. УЗИ (ультразвуковое исследование) - ultrasound
130. улица - street
131. ультразвуковой - ultrasound
132. упражнение - exercise, exercises
133. услуга - service
134. физиотерапия - physical therapy
135. физический - physical
136. хорошо - good
137. час - hour
138. часто - often
139. через - in (a period of time)
140. что - what
141. чувствовать - to feel
142. широкий - wide, large
143. Шопен - Chopin
144. электрокардиограмма - electrocardiogram
145. электронный - electronic
146. этаж - floor
147. эти - these
148. это - this
149. я - I

В

1

- Сегодня понедельник?
- Да, сегодня понедельник.
- Который час?
- Сейчас десять часов.
- Как Ваши дела?
- Спасибо, хорошо.
- У Вас есть время?
- Да, есть.
- Вы можете пройти в кабинет. Врач Вас ждёт.

2

- Здравствуйте!
- Добрый день!
- Что это?
- Это моя медицинская карточка.
- Хорошо. Я должна сделать в ней запись.
- Я плохо себя чувствую.
- Какие у Вас жалобы?
- У меня болит голова и горло.

3

- Я должна посмотреть Ваше горло. Откройте рот и скажите а-а-а.

1

- *Is today Monday?*
- *Yes, today is Monday.*
- *What time is it?*
- *It's ten o'clock.*
- *How are you?*
- *Good, thank you.*
- *Do you have some time?*
- *Yes, I do.*
- *You can go into the office. The doctor is waiting for you.*

2

- *Hello!*
- *Good afternoon!*
- *What is that?*
- *That is my medical record.*
- *Good. I have to make a note in it.*
- *I don't feel well.*
- *What is bothering you?*
- *I have a headache and a sore throat.*

3

- *I need to take a look at your throat. Open your mouth and say ah-ah-ah.*

- А-а-а.
- У Вас часто болит голова?
- Нет, голова болит редко.
- Вам нужно измерить артериальное давление.
- Вы думаете, мне плохо от давления?
- Не обязательно. Но давление нужно контролировать.
- Я редко измеряю артериальное давление.
- У Вас дома есть тонометр?
- Нет, у меня нет тонометра.

4
- У Вас бывает сильное сердцебиение?
- Да, в последние дни сердцебиение бывает сильное.
- Я должна прослушать Ваш пульс. Дайте руку. Пульс нормальный. Но Вам нужно сделать электрокардиограмму.
- Хорошо, я могу сделать электрокардиограмму сегодня.

5
- Где Ваша страховка?
- Моя страховка здесь, она на столе. Вот она. Эта страховка покрывает широкий спектр медицинских услуг.
- Что в ней?
- В ней оплачены услуги терапевта, стоматолога, курсы физиотерапии.
- Что это?
- Это талончик.

6
- Сколько Вам лет?
- Мне сорок пять лет.
- Какой Ваш адрес?
- Я живу на улице Шопена двадцать, квартира семнадцать.
- Где Вы работаете?
- Я работаю в банке.
- Какой у Вас режим работы?
- Я работаю с девяти утра до семи вечера.

7
- Вам нужно делать физические упражнения.
- Я делаю упражнения два раза в неделю.

- Ah-ah -ah.
- Do you have headaches often?
- No, my headaches are rare.
- We need to take your blood pressure.
- Do you think that I'm unwell because of the blood pressure?
- Not necessarily. But you need to monitor your blood pressure.
- I rarely have my blood pressure taken.
- Do you have a blood pressure monitor at home?
- No, I do not have a blood pressure monitor.

4
- Do you sometimes have a strong heartbeat?
- Yes, in the last few days I have had a strong heartbeat.
- I have to listen to take your pulse. Give me your hand. Your pulse is normal. But you need to do an electrocardiogram.
- Okay, I can do an electrocardiogram today.

5
- Where is your insurance card?
- My insurance card is right here. It is on the table. Here it is. This insurance covers a large set of medical services.
- What is included?
- It covers the services of physicians, dentists, and courses of physiotherapy.
- What is this?
- This is a voucher.

6
- How old are you?
- I am forty-five years old.
- What is your address?
- I live at 20 Chopin Street, apartment seventeen.
- Where do you work?
- I work in a bank.
- What is your schedule?
- I work from nine a.m. to seven in the evening.

7
- You need physical exercise.
- I exercises twice a week.

- Этого недостаточно. Вы должны их делать каждый день.

8

- Где кабинет кардиолога?
- Кабинет кардиолога на втором этаже.
- Когда я могу забрать результаты электрокардиограммы?
- Вы можете забрать результаты через час.

9

- Я назначаю Вам ультразвуковую терапию.
- Мне будет лучше?
- Конечно, Вам будет лучше.
- Я должна делать физические упражнения в период физиотерапии?
- Да, эти процедуры действуют в комплексе с физическими упражнениями.

10

Это термометр. Он электронный. Термометр на столе. Он не новый.
Это аппарат для УЗИ. Он большой.
Это томограф. Этот аппарат новый. Это сложное оборудование.
Это бинт. Он медицинский. Вата стерильная.
Это аптека. В аптеке есть таблетки, сироп, антибиотики, витамины.

- That isn't enough. You must exercise every day.

8

- Where is the cardiologist's office?
- The cardiologist's office is on the second floor.
- When can I pick up the results of the electrocardiogram?
- You can pick up the results in an hour.

9

- I prescribe you ultrasound therapy.
- Will I feel better?
- Of course, you will feel better.
- Do I have to do physical exercise during physical therapy?
- Yes, these treatments are effective in combination with exercise.

10

This is a thermometer. It is electronic. The thermometer is on the table. It is not new.
This is a device for ultrasound. It is big.
This is a tomograph. This device is new. This is a sophisticated piece of equipment.
This is a bandage. It is for medical use. The cotton wool is sterile.
This is a pharmacy. The pharmacy has medicine tablets, syrup, antibiotics, and vitamins.

Pronunciation

For the most part one Russian letter corresponds to one sound.
Ё is always stressed. О is pronounced **а** if unstressed: молоко - [малако] *milk*.
Е is pronounced **и** if unstressed: менеджер - [мениджир] *manager*.
Ending -го is always pronounced -во: его - [ево] *his, him*.
When consonants appear at the end of a word, they lose their voice.
б is pronounced like п: клуб - [клуп] *club*
в is pronounced like ф: Медведев - [мидведеф] *Medvedev (a surname)*
г is pronounced like к: маркетинг - [маркитинк] *marketing*
д is pronounced like т: шоколад - [шакалат] *chocolate*
ж is pronounced like ш: ложь - [лош] *lie*
з is pronounced like с: каприз - [каприс] *caprice*

2

Где я могу записаться на приём?
Where can I make an appointment?

A

Слова

1. б<u>е</u>лый - white
2. бол<u>е</u>знь - illness, sickness
3. бол<u>е</u>ть - to be sick
4. больн<u>и</u>ца - hospital
5. больн<u>о</u>й - patient
6. вест<u>и</u> - to lead
7. врач-дерматол<u>о</u>г - dermatologist
8. врач-педи<u>а</u>тр - pediatrician
9. врач-рентгенол<u>о</u>г - radiologist
10. вт<u>о</u>рник - Tuesday
11. вып<u>и</u>сывать - to prescribe
12. гипс - cast, plaster
13. г<u>и</u>псовый - related to plaster, related to cast
14. давн<u>о</u> - long ago, for a long time
15. дермат<u>о</u>лог - dermatologist
16. д<u>е</u>ти - children
17. д<u>е</u>тский - children's
18. дорог<u>о</u>й - expensive
19. ж<u>а</u>ловаться - complains
20. ж<u>е</u>нщина - woman
21. журн<u>а</u>л - notebook, journal
22. за - behind
23. зап<u>и</u>сываться - to register, sign up
24. зд<u>а</u>ние - building
25. здесь - here
26. з<u>е</u>ркало - mirror
27. инструм<u>е</u>нт - instrument
28. как<u>о</u>й - what, which
29. кон<u>е</u>ц - end
30. корид<u>о</u>р - corridor, hall
31. кто - who

16

32. куда - where to
33. лежать - lie, rest
34. лестница - stairs
35. линейка - ruler
36. лобный - frontal
37. ЛОР-врач - ENT (Ear, Nose, and Throat) doctor
38. люди - people
39. медсестра - nurse
40. микроскоп - microscope
41. много - many, a lot
42. молодой - young
43. мужчина - man
44. наверное - probably
45. накладывать - to apply
46. находиться - located
47. невропатолог - neurologist
48. недавно - recently
49. немолодой - not young, elderly
50. неопытный - inexperienced
51. непрямой - indirect
52. одиннадцать - eleven
53. они - they
54. опыт - experience
55. опытный - experienced
56. осмотр - examination
57. отоскоп - otoscope
58. офтальмолог - ophthalmologist
59. офтальмоскоп - ophthalmoscope
60. очередь - line, appointment
61. пациент - patient
62. педиатр - pediatrician
63. плёнка - film
64. по - on
65. погода - weather
66. пожилой - elderly
67. поликлиника - clinic
68. помогать - to help
69. после - after
70. практика - practice
71. приём - office hours
72. принимать - to see (patients, clients)
73. приходить - to come
74. работник - worker, professional
75. регистратура - registration desk
76. рентгеновский - X-ray
77. рефлектор - reflector
78. рецепт - prescription
79. родитель - parent
80. рядом - near, next to
81. свой - own
82. скиаскопический - skiascopic
83. слева - on the left
84. снимок - X-ray, photograph
85. специалист - specialist
86. справа - on the right
87. стоит - stands
88. стоматологический - dental
89. тоже - also
90. травма - traumatic injury
91. третий - third
92. три - three
93. утро - morning
94. ухо - ear
95. халат - coat
96. хирург - surgeon
97. холодно - cold
98. хороший - good
99. эта / этот - this, that

B

1

- Сегодня вторник?
- Да. Сегодня вторник.
- Который час?
- Сейчас десять часов утра.
- Какая сегодня погода?

1

- *Is today Tuesday?*
- *Yes, today is Tuesday.*
- *What time is it?*
- *It's ten a.m.*
- *How is the weather?*

- Погода сегодня тоже хорошая.

2

- Что это?
- Это здание поликлиники. Здесь работает много врачей.
- Какое здание находится рядом?
- Рядом находится здание больницы.

3

- Кто эти люди?
- Это пациенты. Они ждут своей очереди.
- Кто эта женщина?
- Она медицинский работник. Она работает в регистратуре.
- Где я могу записаться на приём?
- Вы можете записаться на приём в регистратуре.

4

- Где кабинет офтальмолога?
- Кабинет офтальмолога на третьем этаже.
- Когда принимает офтальмолог?
- Он принимает после одиннадцати часов.

5

- В здании есть аптека?
- Да, в здании есть аптека.
- Где она находится?
- Она находится в конце коридора.

6

- Это кабинет хирурга. Он принимает пациентов с травмами.
- У него много больных?
- Да, на приём приходит много людей.
- Этот мужчина - хирург. Он немолодой. Он опытный и хороший врач.
- Что это?
- Это гипс и гипсовый бинт. Они на столе.
- Что он делает?
- Он накладывает гипс.

7

- Это рентгеновский кабинет. Здесь делают рентгеновские снимки.

- The weather today is also good.

2

- What is that?
- This is the clinic building. Many doctors work here.
- What is the building next to it?
- The building next to it is a hospital.

3

- Who are these people?
- These are patients. They are waiting for their appointments.
- Who is this woman?
- She is a medical professional. She works at the registration desk.
- Where can I make an appointment?
- You can make an appointment at the front desk.

4

- Where is the ophthalmologist's office?
- The ophthalmologist's office is on the third floor.
- When are the ophthalmologist's office hours?
- His office hours are after eleven o'clock.

5

- Is there a pharmacy in the building?
- Yes, there is a pharmacy in the building.
- Where is it?
- It is at the end of the corridor.

6

- This is the surgeon's office. He treats patients with traumatic injuries.
- Does he have a lot of patients?
- Yes, a lot of people come during office hours.
- This man is a surgeon. He is not young. He is an experienced and good doctor.
- What is that?
- This is plaster and a bandage for a cast. They are on the table.
- What is he doing?
- He is applying a cast.

7

- This is the X-ray room. They take X-rays here.
- What's in the office?

- Что находится в кабинете?
- В кабинете стоит рентгеновский аппарат. Он большой. Этот аппарат новый.
- Кто это?
- Это врач-рентгенолог. Она молодая и неопытная.
- Что лежит у неё на столе?
- Это плёнка для рентгеновских снимков.

8
- Слева находится кабинет терапевта.
- Кто эта женщина?
- Это медсестра. Она в белом халате. Она помогает врачу.
- Что это на столе?
- Это журнал приёма пациентов. Медсестра делает записи.
- Что делает врач?
- Она выписывает рецепт.

9
- Куда ведёт эта лестница?
- Эта лестница ведёт на второй этаж.
- Где находится кабинет дерматолога?
- Кабинет дерматолога на втором этаже.
- Кто это?
- Это врач-дерматолог.
- Этот врач-дерматолог опытный?
- Да, врач пожилой и опытный.
- В кабинете есть микроскоп. Он дорогой.

10
- Здесь большая очередь. Что это за кабинет?
- Это кабинет невропатолога.
- Этот врач немолодой. Наверное, он хороший специалист.
- Да, он хороший врач. У него много пациентов.

11
- Где находится кабинет терапевта?
- Кабинет терапевта находится справа по коридору.
- Кто это?
- Это терапевт. Это молодой врач.

- *There is an X-ray machine in the office. It is large. This machine is new.*
- *Who is that?*
- *That is a radiologist. She is young and inexperienced.*
- *What is that on her desk?*
- *This is a film for X-rays.*

8
- *On the left is a physician's office.*
- *Who is this woman?*
- *This is a nurse. She is wearing a white coat. She helps the doctor.*
- *What is that on the table?*
- *This is a patient registration journal. The nurse takes notes.*
- *What is the physician doing?*
- *She is writing a prescription.*

9
- *Where does this staircase lead?*
- *This staircase leads to the second floor.*
- *Where is the dermatologist's office?*
- *The dermatologist's office is on the second floor.*
- *Who is that?*
- *That is a dermatologist.*
- *Is this dermatologist experienced?*
- *Yes, the doctor is elderly and experienced.*
- *There is a microscope in the office. It is expensive.*

10
- *There is a long line here. What is this office?*
- *This is the neurologist's office.*
- *He is not young. He is probably a good specialist.*
- *Yes, he's a good doctor. He has a lot of patients.*

11
- *Where is the physician's office?*
- *The physician's office is down the hall on the right.*
- *Who is that?*
- *This is the physician. She is a young doctor.*

- Она хороший специалист?
- Да, у неё большая практика.
- Кто эта женщина?
- Это медсестра. Она помогает терапевту.

12
- В поликлинике принимает детский врач?
- Да, здесь есть кабинет педиатра.
- Эта женщина врач?
- Да, это врач-педиатр. Она немолодая и опытная.
- Здесь много родителей с детьми.
- Да, дети часто болеют.

13
- Здесь есть кабинет стоматолога?
- Да, здесь есть три стоматологических кабинета.
- В кабинетах новое оборудование?
- Да, в кабинетах новое оборудование.
- Эти стоматологи хорошие специалисты?
- Да, здесь работают два хороших стоматолога.

14
- Кто этот врач?
- Это ЛОР-врач. Он молодой. Он работает недавно. Он неопытный.
- Он принимает много больных?
- Да, сейчас холодно и многие жалуются на болезни горла и уха.
- Что это?
- Это отоскоп. Этот инструмент нужен для осмотра пациентов.
- Для чего нужно это зеркало?
- Это лобный рефлектор. Он тоже нужен для осмотра уха.

15
- Какой врач принимает в этом кабинете?
- Здесь принимает офтальмолог.
- Она давно работает?
- Да, она работает давно. У неё большой опыт.

- *Is she a good specialist?*
- *Yes, she has a long experience.*
- *Who is this woman?*
- *This is a nurse. She helps the physician.*

12
- *Is there a children's doctor at the clinic?*
- *Yes, there is a pediatrician's office.*
- *Is that woman a doctor?*
- *Yes, she is a pediatrician. She is not young but she is experienced.*
- *There are a lot of parents with children here.*
- *Yes, children get sick often.*

13
- *Is there a dentist's office here?*
- *Yes, there are three dental offices here.*
- *Do the offices have new equipment?*
- *Yes, the equipment in the offices is new.*
- *Are these dentists good specialists?*
- *Yes, two good dentists work here.*

14
- *Who is this doctor?*
- *This an ENT doctor. He is young. He started working recently. He is inexperienced.*
- *Does he see many patients?*
- *Yes, it is cold and there are many complaints of sore throats and ears.*
- *What is that?*
- *This is an otoscope. It is an instrument for examining patients.*
- *Why do you need a mirror?*
- *This is a frontal reflector. It is also needed for examining the ear.*

15
- *Which doctor sees patients in this office?*
- *The ophthalmologist sees patients here.*
- *Has she been working long?*
- *Yes, she has been working for a long time. She has a lot of experience.*
- *In there new equipment in the office?*

- В кабин<u>е</u>те н<u>о</u>вое обор<u>у</u>дование?	- Yes, the equipment in the office is new.
- Да, в кабин<u>е</u>те н<u>о</u>вое обор<u>у</u>дование.	- Does the doctor have an indirect ophthalmoscope?
- У врач<u>а</u> есть непрям<u>о</u>й офтальмоск<u>о</u>п?	
- Да, у врач<u>а</u> есть непрям<u>о</u>й офтальмоск<u>о</u>п и скиаскоп<u>и</u>ческая лин<u>е</u>йка.	- Yes, the doctor has an indirect ophthalmoscope and skiascopic ruler.

Gender of nouns

There are no articles used with nouns. There are three genders: masculine, feminine and neuter. Both animate and inanimate nouns have a gender which depends on a word ending.
Masculine nouns normally end with a consonant or -й: г<u>о</u>род *(city)*, н<u>о</u>мер *(number)*, дидж<u>е</u>й *(DJ)*. Common exceptions: п<u>а</u>па *(dad)*, д<u>я</u>дя *(uncle)*, мужч<u>и</u>на *(man)*.
Feminine nouns normally end with –а or –я: фам<u>и</u>лия *(surname)*, ф<u>и</u>рма *(firm)*
Neuter nouns end with –о or –е: <u>о</u>тчество *(middle name)*, зд<u>а</u>ние *(building)*. Common exception: <u>и</u>мя *(name)*
Most nouns ending with –ь can be masculine or feminine: сеть *(fem. network)*, день *(masc. day)*, стиль *(masc. style)*.

3

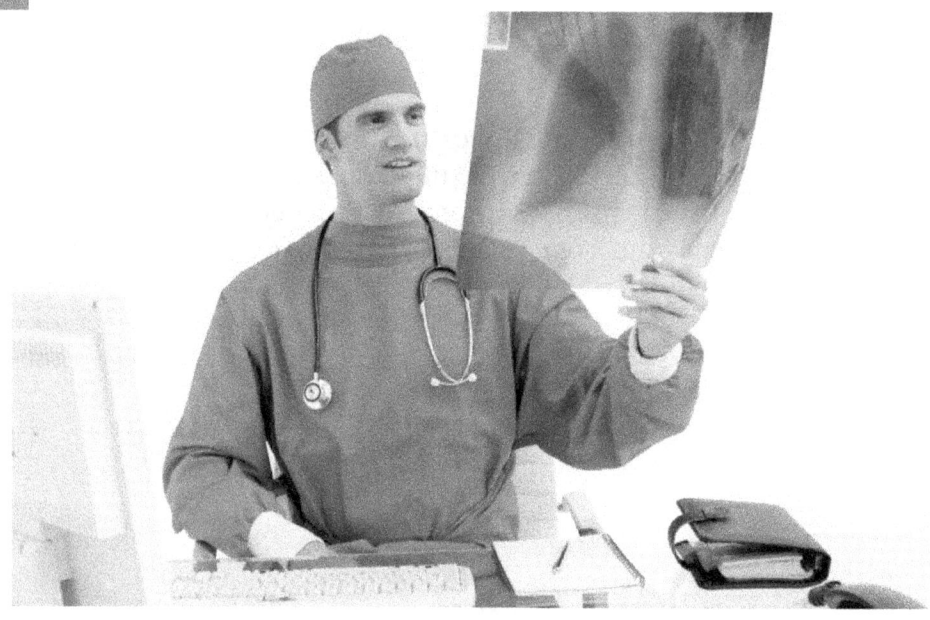

Анатомический атлас
An anatomical atlas

A

Слова

1. анатомический - anatomical
2. атлас - atlas
3. бедро - thigh
4. безымянный - ring finger
5. бок - side
6. более - more
7. бровь - eyebrow
8. веко - eyelid
9. верхний - upper
10. видеть - to see
11. внешний - outer
12. волосы - hair
13. глаз - eye
14. глазной - related to the eye
15. голень - shin
16. грубый - rough
17. грудь - chest
18. губа - lip
19. дыхание - breath
20. живот - stomach
21. задний - back
22. закрывать - to cover, to close
23. запястье - wrist
24. затылок - nape
25. защищать - to protect
26. зуб - tooth
27. из - from
28. изучать - to examine
29. кисть - hand
30. ключица - clavicle
31. кожа - skin
32. колено - knee
33. ладонь - palm of the hand
34. левый - left

35. лицо - face
36. лоб - forehead
37. локоть - elbow
38. лопатка - scapula
39. мизинец - pinky finger
40. можно - possible
41. мы - we
42. называться - is called
43. нежный - delicate
44. нижний - lower
45. нога - leg
46. ноготь - fingernail
47. нос - nose
48. орган - organ
49. палец - finger
50. передний - front, frontal
51. плечевой - relating to shoulder
52. плечо - shoulder
53. подбородок - chin
54. подошва - sole
55. покрытый - covered
56. полость - cavity
57. пояс - girdle, belt
58. поясница - lower back
59. правый - right
60. предплечье - forearm
61. пятка - heel
62. пять - five
63. расположенный - located
64. рассматривать - to examine, to look closely
65. ресница - eyelash
66. ротовой - oral, related to mouth-oral
67. сзади - behind, on the back
68. состоять - to consist of
69. спина - back
70. средний - middle
71. стопа - foot
72. строение - structure
73. таз - pelvis
74. также - also
75. такой - such
76. тело - body
77. темя - crown (of the head)
78. туловище - torso
79. указательный - index finger
80. чего - what, which
81. человек - person, human being
82. челюсть - jaw
83. шея - neck
84. щека - cheek
85. яблоко - eyeball (also apple)
86. ягодица - buttock
87. язык - tongue

В

- Что это?
- Это анатомический атлас. Мы можем изучить строение человека.
- Что это?
- Это голова.
- Что на голове?
- На голове волосы.
- Как называется задняя часть головы?
- Задняя часть головы называется затылок. А верхняя часть головы называется темя.
- Как называется передняя часть головы?
- Передняя часть головы называется лицо. В верхней части лица мы видим лоб, брови, глаза. Глазное яблоко защищают верх-

- *What is this?*
- *This is an anatomical atlas. We can study the structure of the human body.*
- *What is this?*
- *This is the head.*
- *What's that on the head?*
- *On the head there is hair.*
- *What is the back of the head called?*
- *The back of the head is called the nape. And the top of the head is called the crown.*
- *What is the front of the head called?*
- *The front of the head is called the face. In the upper part of the face we see the forehead, the eyebrows, and the eyes. The eyeball is*

нее и нижнее веки, на них расположены ресницы.
- Что это?
- Это нос. Нос - это внешний орган дыхания. Он расположен в средней части лица. А в нижней части лица мы видим рот. Это верхняя и нижняя губа. Они закрывают зубы. Зубы и язык находятся в ротовой полости.
- Что находится по бокам лица?
- По бокам лица расположены щёки, а также в левой и правой части головы мы видим уши. На лице кожа более нежная.
- Что находится в нижней части лица?
- В нижней части лица находятся подбородок и нижняя челюсть. Ниже можно видеть шею и туловище. Передняя часть шеи называется горло.
- Из чего состоит туловище?
- Туловище человека состоит из плечевого пояса, груди, живота, спины, таза.
- Что такое плечевой пояс?
- Плечевой пояс состоит из ключицы и лопатки. Рука состоит из плеча, предплечья и кисти.
- Что это?
- Это локоть и запястье. Кисть состоит из ладони и пальцев. На каждой руке по пять пальцев.
- Как они называются?
- Они называются большой, указательный, средний, безымянный, мизинец. На пальцах есть ногти. На ладонях кожа более грубая.
- Что находится в передней части туловища?
- В передней части туловища находятся грудь и живот.
- Что находится в задней части туловища?
- В задней части туловища находятся спина, поясница, ягодицы.
- Что это?
- Это строение ног человека. Нога состоит из бедра, колена, голени и стопы. На стопе

protected by the upper and lower eyelids, upon which there are eyelashes.
- *What is that?*
- *This is the nose. The nose is an external respiratory organ. It is located in the middle of the face. And in the lower part of the face, we see the mouth. These are the upper and lower lips. They cover the teeth. The teeth and tongue are located in the oral cavity.*
- *What is on the sides of the face?*
- *On each side of the face, there are cheeks, and we also see the ears on the left and right sides of the head. The facial skin is more delicate.*
- *What is on the lower part of the face?*
- *On the lower part of the face are the chin and the lower jaw. Below that, you can see the neck and torso. The front part of the neck is called the throat.*
- *What does the torso consist of?*
- *The human torso consists of the shoulder girdle, chest, abdomen, back, and pelvis.*
- *What is the shoulder girdle?*
- *The shoulder girdle consists of the clavicle and scapula. The arm consists of the shoulder, forearm, and hand.*
- *What is that?*
- *This is the elbow and wrist. The hand consists of the palm and fingers. Each hand has five fingers.*
- *What are they called?*
- *They are called the thumb, index-, middle-, ring-, and pinky fingers. The fingers have nails. The skin of the palms is rougher.*
- *What is on the front of the torso?*
- *On front of the body are the chest and abdomen.*
- *What is on the back of the torso?*
- *On the back of the torso are the back, the lower back, and the buttocks.*
- *What is that?*
- *This is the structure of the human legs and feet. The leg consists of the thigh, knee, shin, and foot. The foot has five toes, and on the*

расположено (стопа имеет) пять пальцев, а сзади на подошве - пятка. Тело человека покрыто кожей.

back there is the heel. The human body is covered with skin.

Вопросы к тексту

1. Что на голове?
2. Как называется задняя часть головы?
3. Как называется передняя часть головы?
4. Что находится в верхней части лица?
5. Что расположено в средней части лица?
6. Что находится по бокам лица?
7. Что расположено в нижней части лица?
8. Как называется передняя часть шеи?
9. Из чего состоит туловище?
10. Что такое плечевой пояс?
11. Как называются пальцы?
12. Что находится в передней части туловища?
13. Что находится в задней части туловища?
14. Из чего состоит нога?

Questions about the text

1. What is on the head?
2. What is the back of the head called?
3. What is the front part of the head called?
4. What is in the upper part of the face?
5. What is in the middle of the face?
6. What is on the sides of the face?
7. What is in the lower part of the face?
8. What is the front of the neck called?
9. What does the torso consist of?
10. What is the shoulder girdle?
11. What are the names of the fingers?
12. What is on front of the torso?
13. What is on the back of the torso?
14. What do the leg and foot consist of?

Pronunciation

улыбаться - [улыбаца] *(to smile)*
бояться - [баяца] *(to be afraid)*
сердиться - [сердица] *(to be angry)*
греться - [греца] *(to get warm)*
бороться - [бароца] *(to wrestle)*

The verb Иметь

The verb иметь *(to have)* is sometimes used to designate possession. The following construction is used more often:

У меня (есть) книга. - *I have a book.*
У нас (есть) книга. - *We have a book.*
У тебя (есть) книга. - *You have a book. (sng)*
У Вас/вас (есть) книга. - *You have a book. (plr)*
У него (есть) книга. - *He/It has a book. (masc. and neut.)*
У неё (есть) книга. - *She has a book.*
У них (есть) книга. - *They have a book.*

Demonstrative pronouns

A demonstrative pronoun is used to point out a noun or to indicate what you are talking about with your body. Russian demonstrative pronouns этот (this) and тот (that).

Pronoun этот (this) is used to indicate something close by: Этот журнал на русском языке. *This magazine is in Russian.*

Pronoun тот (that) is used to indicate something not so close. Тот журнал на английском языке. *That magazine is in English.*

Тот (that) can be used as the second element of an opposition. Compare:

Этот дом мой, а тот моего друга. *This house is mine, and that one is of my friend.*

Этот студент работает в торговой фирме, а тот студент работает администратором компьютерной сети. *This student works at a retail company and that student works as a computer network administrator.*

Masculine gender - этот (this), тот (that):

Этот дом находится за магазином. *This house is situated behind the store.*

Neuter gender - это (this), то (that):

Я люблю ходить в это кафе. *I like to go to this café.*

Feminine gender - эта (this), та (that):

Эта картина не новая. *This picture is not new.*

All plural - эти (these), те (those):

Приятно читать эти книги. *It is pleasant to read these books.*

4

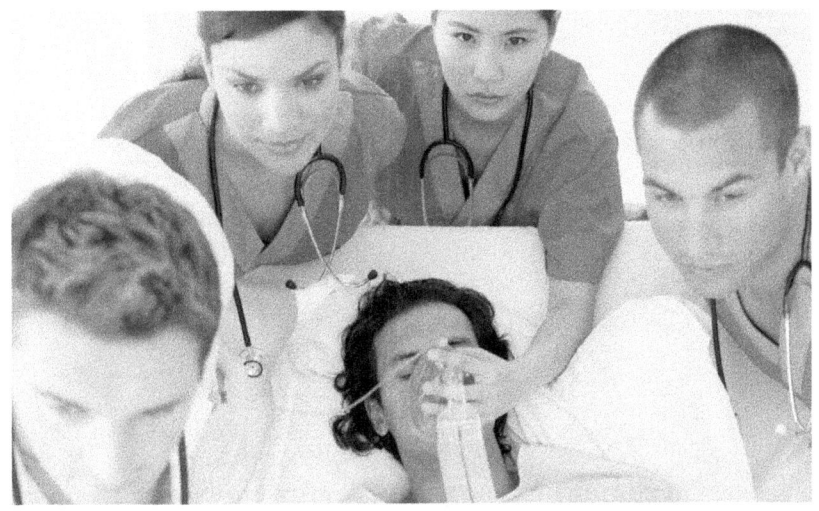

Внутренние органы
Internal organs

Слова

1. артерия - artery
2. бронхи - bronchi
3. брюшной - abdominal
4. вена - vein
5. внутренний - internal
6. воздух - air
7. головной - head
8. грудной - chest
9. для - for
10. ещё - also
11. железа - gland
12. желудок - stomac
13. иметь - to have
14. к - to
15. кишечник - intestine
16. клетка - chest; cell
17. коленный - knee
18. кость - bone
19. кровеносный - circulatory, blood-carrying
20. кровь - blood
21. крупный - large
22. лёгкие - lungs
23. локтевой - elbow
24. мозг - brain
25. мочевой - urine
26. мочевой пузырь - bladder
27. мышца - muscles
28. над - above, over
29. нервный - related to nerves
30. нерв - nerve
31. ниже - below
32. оба - both
33. оно - it
34. опора - support
35. очень - very
36. очищать - to clean
37. периферический - peripheral
38. печень - liver
39. пища - food

40. пищеварение - digestion
41. пищевод - esophagus
42. позвоночник - spine
43. половина - half
44. половой - genital
45. полушарие - hemisphere
46. помощь - help
47. поступать - to enter
48. почка - kidney
49. прикрепляться - to be attached
50. пузырь - bubble
51. рядом - near
52. самый - most
53. секреция - secretion
54. сердце - heart
55. система - system
56. скелет - skeleton
57. спинной - relating to the back
58. сплетение - plexus
59. сторона - side
60. сустав - joint
61. сухожилие - tendon
62. толстый - large, thick
63. тонкий - thin, small
64. трахея - trachea
65. центральный - central
66. часть - part

B

- Что это?
- Это скелет человека. Он состоит из костей. Это суставы. В теле человека есть много суставов. Это коленный, локтевой суставы. Скелет - это опора для мышц.
- Что это?
- Это сухожилия. С их помощью мышцы прикрепляются к костям.
- Что это?
- Это позвоночник. В нём находится спинной мозг.
- Какая бывает нервная система?
- Нервная система бывает центральная и периферическая. Головной и спинной мозг - это центральная нервная система.
- Что такое периферическая нервная система?
- Периферическая нервная система - это нервы и нервные сплетения.
- Что это?
- Это головной мозг. Он имеет очень сложное строение. Он состоит из левого и правого полушарий.
- Что расположено в грудной клетке?
- В грудной клетке находится сердце. Оно расположено в левой половине грудной клетки.
- Кровеносная система - это вены, артерии,

- What is that?
- This is a human skeleton. It consists of bones. These are joints. The human body has many joints. These are the knee and elbow joints. The skeleton supports the muscles.
- What is that?
- These are tendons. They help attach the muscles to the bones.
- What is that?
- That is the spine. It contains the spinal cord.
- What kinds of nervous systems are there?
- There are a central and a peripheral nervous systems. The brain and the spinal cord are the central nervous system.
- What is the peripheral nervous system?
- The peripheral nervous system consists of the nerves and nerve plexuses.
- What is that?
- That is the brain. It has a very complicated structure. It consists of left and right hemispheres.
- What is located in the chest?
- The heart is in the chest. It is located on the left side of the chest.
- The circulatory system consists of the

сердце, кровь. Лёгкие и бронхи - это внутренние органы дыхания.
- Что это?
- Это трахея. Через неё в лёгкие поступает воздух.
- Что расположено ниже лёгких?
- Ниже лёгких находится пищевод и желудок. Через пищевод пища поступает в желудок.
- Что находится ниже?
- Ниже расположен тонкий и толстый кишечник. Это органы пищеварения.
- Что ещё находится в брюшной полости?
- В брюшной полости находятся почки. Почки расположены по обе стороны от позвоночника. Почки очищают кровь.
- Где находится печень?
- Печень находится в верхней части брюшной полости. Печень - это самый крупный внутренний орган.
- Где находится мочевой пузырь?
- Мочевой пузырь находится в нижней части брюшной полости.
- Что расположено рядом с мочевым пузырём?
- Рядом с мочевым пузырём расположены внутренние половые органы. А это железы внутренней секреции.

veins, arteries, heart, and blood. The lungs and the bronchi are the internal respiratory organs.
- What is that?
- It's the trachea. Through it, the air enters the lungs.
- What is located below the lungs?
- The esophagus and stomach are below the lungs. The food enters the stomach through the esophagus.
- What is located below?
- Below are the small and large intestines. These are digestive organs.
- What else is in the abdominal cavity?
- The kidneys are in the abdominal cavity. The kidneys are located on either side of the spine. The kidneys clean the blood.
- Where is the liver located?
- The liver is in the upper abdomen. The liver is the largest internal organ.
- Where is the bladder?
- The bladder located in the lower part of the abdominal cavity.
- What is located near the bladder?
- The internal parts of the genitals are near the bladder. And those are the endocrine glands.

C

Вопросы к тексту

1. Из чего состоит скелет человека?
2. Что такое скелет?
3. Где находится спинной мозг?
4. Какая бывает нервная система?
5. Что такое периферическая нервная система?
6. Из чего состоит головной мозг?
7. Что расположено в грудной клетке?
8. Что такое кровеносная система?
9. Что такое лёгкие и бронхи?
10. Что расположено ниже лёгких?
11. Что находится в брюшной полости?

Questions about the text

1. What does the human skeleton consist of?
2. What is a skeleton?
3. Where is the spinal cord?
4. What kinds of nervous systems are there?
5. What is the peripheral nervous system?
6. What does the brain consist of?
7. What is located in the chest?
8. What is the circulatory system?
9. What are the lungs and bronchi?
10. What is located below the lungs?
11. What is located in the abdominal cavity?

12. Где находится печень?
13. Где находится мочевой пузырь?
14. Что расположено рядом с мочевым пузырём?

12. Where is the liver?
13. Where is the bladder?
14. What is located near the bladder?

 **D**

Possessive pronouns

Before: masc. / fem. / neut. / plr.
whose? / чей? / чья? / чьё? / чьи?
my / мой / моя / моё / мои
our / наш / наша / наше / наши
your *(sng)* / твой / твоя / твоё / твои
your *(plr)* / ваш / ваша / ваше / ваши
his/its / его / его / его / его
her / её / её / её / её
their / их / их / их / их

Infinitive

Infinitive form of the verb is the basic form of the verb that is listed in dictionaries. Verbs in infinitive form end in -ать, -ить, -еть, -оть, -ти or -ся (for reflexive verbs): говорить, читать, удивляться.

Reflexive verbs

These verbs apply the action to the subject in the sentence. Ending -ся is appended to the standard form of the verb:
умываться - *to wash face*, бриться - *to shave*, улыбаться - *to smile*, бояться - *to be afraid*.

Question words

Как? - How? What?
Где? - Where?
Куда? - Where to?
Откуда - Where from?
Какой? - What? Which? *(m)*
Какая? - What? Which? *(f)*
Какое? - What? Which? *(n)*
Какие? - What? Which? *(pl)*
Сколько? - How much/many?
Когда? - When?
Кто? - Who?
Что? - What?
Почему? - Why?
Зачем? - What for?

5

ЛОР-врач (отоларинголог) ещё принимает?
Is the ENT doctor (otolaryngologist) still seeing patients?

А

Слова

1. беспокоить - to bother
2. болеть - to be sick, to be ill
3. боль - pain
4. больно - painful
5. брать - to take
6. взять - to take
7. видеть - to see
8. возможно - possible
9. воронка - speculum
10. воспаление - inflammation
11. всё - all
12. выздоравливать - to recover
13. высыпание - rash
14. гайморит - frontal sinusitis
15. глотка - throat
16. говорить - to talk
17. гортанный - laryngeal, relating to throat
18. грипп - flu
19. десна - gum
20. диагноз - diagnosis
21. до свидания - goodbye
22. достаточно - enough
23. дышать - to breathe
24. заложенный - stuffy, congested
25. записывать - to register, to write down
26. идти - to go
27. ингаляция - inhalation
28. иногда - sometimes
29. интересоваться - to inquire
30. капля - drop
31. красный - red
32. купить - to buy
33. лекарство - medicine
34. лечение - treatment
35. миндалина - tonsil
36. мой - mine
37. надавливать - to press

38. надев**а**ть - to wear
39. над**е**ть - to put on, to wear
40. наз**а**д - back
41. направл**е**ние - direction
42. небольш**о**й - not big, small
43. непри**я**тно - unpleasant
44. н**о**рма - norm
45. объясн**я**ть - to explain
46. одн**а**ко - however
47. оп**а**сно - dangerous
48. орофарингоскоп**и**я - oropharyngoscopy
49. осложн**е**ние - complications
50. отвеч**а**ть - to answer
51. отоскоп**и**я - otoscopy
52. п**а**зуха - sinus
53. повт**о**рный - follow-up, second
54. пойт**и** - to go
55. потл**и**вость - sweating
56. препар**а**т - drug, medication
57. приб**о**р - instrument
58. принос**и**ть - to bring
59. приступ**а**ть - to start
60. провер**я**ть - to check
61. провод**и**ть - to conduct
62. продолж**а**ть - to continue
63. профил**а**ктика - prevention, preventative treatment
64. сб**о**ку - on the side
65. сл**а**бость - weakness
66. спр**а**шивать - to ask
67. ср**е**дство - treatment
68. ср**о**чно - urgently
69. ст**а**ть - to become
70. сх**е**ма - plan, instructions
71. там - there
72. тр**у**дно - difficult
73. уж**е** - already
74. уст**а**лость - fatigue
75. уточн**я**ть - to ask (in order to make sure)
76. ушн**о**й - ear
77. ход**и**ть - to go
78. хот**е**ть - to want
79. ч**а**ще - more often
80. шп**а**тель - tongue compressor
81. электрофор**е**з - electrophoresis

В

1

«Д**о**брый день! ЛОР-врач (отоларинг**о**лог) ещё принима**е**т?» - спр**а**шивает мужч**и**на.
«Да, он**а** принима**е**т до двух час**о**в дня», - отвеч**а**ет раб**о**тник регистрат**у**ры.
«Где нах**о**дится кабин**е**т врач**а**?» - интерес**у**ется мужч**и**на.
«Кабин**е**т ЛОР-врач**а** нах**о**дится на втор**о**м этаж**е**», - объясн**я**ют в регистрат**у**ре.

2

«Подскаж**и**те, эта **о**чередь в кабин**е**т ЛОР-врач**а**?» - спр**а**шивает мужч**и**на.
«Да, все **э**ти л**ю**ди ид**у**т на приём к ЛОР-врач**у**», - отвеч**а**ют ем**у**.
«Кто посл**е**дний на приём к ЛОР-врач**у**?» - сн**о**ва спр**а**шивает он.
«Я посл**е**дняя в **о**череди. Вы идёте п**о**сле

1

"Good afternoon! Is the ENT doctor (otolaryngologist) still seeing patients?" a man asks.
"Yes, her office hours are until two p.m.," the receptionist replies.
"Where is the doctor's office?" the man inquires.
"The ENT doctor's office is on the second floor," they explain in registration.

2

"Please tell me, is this the line for the ENT doctor's office?" the man asks.
"Yes, all these people are going to see the ENT doctor," they reply.
"Who is the last in line to see the ENT doctor?" he asks again.

меня», - отвечает женщина.

3

«Где Ваша карточка?» - спрашивает медсестра.

«Моя карточка на столе», - отвечает мужчина.

«Какие у Вас жалобы (на что Вы жалуетесь)?» - спрашивает доктор.

«У меня заложен нос. Мне трудно дышать», - говорит он.

«Сколько времени это Вас беспокоит?» - уточняет врач.

«Это беспокоит меня уже неделю», - отвечает он.

4

«Я должна осмотреть Вас», - объясняет врач.

На столе лежат инструменты. Врач берёт шпатель для языка. Врач проводит орофарингоскопию. Он осматривает глотку и полость рта.

«Зубы, дёсны, щёки в норме», - говорит врач.

«Что это?» - спрашивает пациент.

«Это гортанное зеркало. Я хочу осмотреть Ваш язык и миндалины», - объясняет врач.

5

«Сейчас я проверю Ваше горло. Открывайте рот. Оно красное», - говорит врач.

Врач берёт гортанное зеркало.

«У Вас болит горло?» - спрашивает он.

«Нет, горло у меня не болит», - отвечает пациент.

«Однако я вижу там воспаление. Я назначаю Вам средства и препараты для лечения и профилактики», - объясняет доктор.

6

«Вы часто чувствуете усталость, боли в суставах?» - продолжает доктор.

«Усталость я чувствую часто, а боли в суставах нет», - отвечает пациент.

«У Вас бывает слабость?» - спрашивает врач.

"I'm the last in line. You will go after me," a woman replies.

3

"Where is your medical record?" asks the nurse.

"My medical record is on the table," the man replies.

"What are your complaints (what is bothering you)?" asks the doctor.

"I have a stuffy nose. It is hard to breathe," he says.

"How long has it been bothering you?" inquires the doctor.

"It has already been bothering me for a week," he answers.

4

"I need to examine you," explains the doctor.
On the table are the instruments. The doctor takes a tongue compressor. The doctor performs an oropharyngoscopy. He examines the throat and oral cavity.

"The teeth, gums, and cheeks are normal," the doctor says.

"What is that?" asks the patient.

"This a laryngeal mirror. I want to examine your tongue and tonsils," explains the doctor.

5

"Now I'll examine your throat. Open your mouth. It is red," the doctor says.
The doctor takes a laryngeal mirror.

"Do you have a sore throat?" he asks.

"No, my throat does not hurt," the patient replies.

"However, I see an inflammation there. I am prescribing you drugs for treatment and prevention," explains the doctor.

6

"Do you often feel tired, and have pain in the joints?" the doctor continues.

"I often feel tired, but I don't have pain in the joints," the patient responds.

"Do you sometimes feel weak?" asks the doctor.

"Yes, I often feel weak. Sometimes I also have

«Да, я часто чувствую слабость, иногда потливость», - продолжает больной.

7
«Вы болели гриппом недавно?» - спрашивает доктор.
«Да, я болел гриппом две недели назад», - отвечает пациент.
«Возможно, у Вас осложнение после гриппа», - продолжает доктор.
«Доктор, это опасно?» - интересуется больной.
«Я думаю, нет. Вам нужно пройти курс физиотерапии», - объясняет доктор.

8
Врач берёт носовое зеркало и осматривает больного. Врач осматривает кожу на лице.
«Воспалений и высыпаний на коже нет», - говорит врач.
«У Вас есть ещё какие-то жалобы?» - продолжает он.
«Да, стала чаще болеть голова», - уточняет больной.
«У Вас воспаление пазух носа», - говорит врач.

9
«Что это?» - спрашивает пациент.
«Это лобный рефлектор», - объясняет врач.
Врач надевает лобный рефлектор и продолжает осмотр. Врач проводит отоскопию.
«У Вас болит ухо?»
«Да, иногда болит правое ухо», - отвечает пациент.
«Мне нужна ушная воронка», - говорит врач медсестре. Она приносит стерильный прибор. Врач осматривает ухо с помощью ушной воронки.
«Здесь я тоже вижу небольшое воспаление», - говорит доктор.

10
«Вам больно, если надавить сбоку носа?» - спрашивает врач.
«Да, мне больно и неприятно», - отвечает

sweating," continues the patient.

7
"Did you have the flu recently?" asks the doctor.
"Yes, I had the flu two weeks ago," the patient replies.
"You may have complications from the flu," continues the doctor.
"Doctor, is it dangerous?" inquires the patient.
"I don't think so. You need to undergo a course of physiotherapy," explains the doctor.

8
The doctor takes a nasal mirror and examines the patient. The doctor examines the skin on his face.
"There are no inflammations or rashes on the skin," the doctor says.
"Do you have some other complaints?" he continues.
"Yes, I have more frequent headaches," says the patient.
"You have an inflammation of the sinuses," the doctor says.

9
"What is that?" asks the patient.
"This is a frontal reflector," explains the doctor.
The doctor puts on the frontal reflector and continues the examination. The doctor performs an otoscopy.
"Do you have an earache?"
"Yes, sometimes my right ear aches," the patient responds.
"I need an ear speculum," the doctor tells the nurse. She brings the sterile instrument. The doctor examines the ear through the ear speculum.
"Here I also see a small inflammation," the doctor says.

10
"Do you feel pain when I press the side of the nose?" asks the doctor.
"Yes, it hurts and feels unpleasant," the pa-

больной.

«Я записала Ваш диагноз в карточку. У вас гайморит», - объясняет врач.

«Гайморит даёт осложнения?» - интересуется больной.

«Конечно. Осложнения могут пойти на глаза, мозг, верхнюю и нижнюю челюсть, уши», - объясняет доктор.

11

«Вы срочно должны приступить к лечению», - говорит врач.

«Конечно доктор, я не хочу болеть», - говорит пациент.

«Я выписываю Вам лекарства», - продолжает врач.

«Я должен ходить на процедуры?» - спрашивает больной.

«Да, Вам нужно пройти десять процедур», - говорит доктор.

12

«Я выписываю Вам направление на процедуры», - говорит врач.

«Какие это процедуры?» - уточняет больной.

«Это ингаляции, пять процедур», - объясняет доктор.

«Этого достаточно?» - интересуется больной.

«Нет, нужно ещё пять процедур электрофореза», - продолжает доктор.

13

«Возьмите Ваш рецепт. Вы должны купить таблетки, капли, витамины», - говорит врач.

«Я должен принимать их каждый день?» - спрашивает пациент.

«Да, лекарства нужно принимать каждый день по схеме», - объясняет врач.

«До свидания. Спасибо», - говорит мужчина.

«Всего хорошего. Выздоравливайте. Повторный приём через неделю», - говорит доктор.

tient replies.

"I wrote down your diagnosis in the medical record. You have frontal sinusitis," explains the doctor.

"Does frontal sinusitis result in complications?" asks the patient.

"Of course. Complications can happen in the eyes, brain, upper and lower jaw, or ears," explains the doctor.

11

"You urgently need to start treatment," the doctor says.

"Of course, doctor. I do not want to be sick," the patient says.

"I prescribe you medications," the doctor continues.

"Do I have to undergo procedures?" asks the patient.

"Yes, you need to undergo ten procedures," the doctor says.

12

"I am giving you a referral for the procedures," the doctor says.

"What are these procedures?" asks the patient.

"These are inhalations—five procedures," explains the doctor.

"Is it enough?" inquires of the patient.

"No, you will need five more procedures of electrophoresis," continues the doctor.

13

"Take your prescription. You have to buy tablets, drops, and vitamins," the doctor says.

"Do I have to take them every day?" asks the patient.

"Yes, you need to take the medication every day following the plan," explains the doctor.

"Goodbye. Thank you," says the man.

"Goodbye. Have a good recovery. The follow-up appointment is in a week," the doctor says.

C

Вопросы к тексту	*Questions about the text*

1. Где находится кабинет врача?
2. На что жалуется мужчина?
3. Сколько времени это его беспокоит?
4. Что лежит на столе?
5. Что берёт врач?
6. Что осматривает врач?
7. Что назначает врач?
8. Что надевает врач?
9. С помощью чего врач осматривает ухо?
10. Что приносит медсестра?
11. На что могут пойти осложнения?
12. Что выписывает врач?
13. Что должен купить пациент?
14. Как нужно принимать лекарства?

1. Where is the doctor's office?
2. What are the man's complaints?
3. How long has it been bothering him?
4. What is on the table?
5. What does the doctor take?
6. What does the doctor examine?
7. What does the doctor prescribe?
8. What does the doctor put on?
9. What does the doctor use to examine the ear?
10. What does the nurse bring?
11. Where could there be complications?
12. What does the doctor prescribe?
13. What does the patient need to buy?
14. How should one take the medication?

D

Absence of there is, there are

In Russian they do not usually use the word есть, имеется *(there is, there are)*. However they usually use есть in questions and when you emphasize the presence or existence:

На столе яблоко. *There is an apple on the table.*
В холодильнике есть овощи? *Are there any vegetables in the fridge?*
-В Донецке есть интересные памятники? *Are there any interesting monuments in Donetsk?*
-Да, есть несколько. *Yes, there are some.*

Absence is formed with нет:
В Донецке нет порта. *There is no port in Donetsk.*
В холодильнике нет супа. *There is no soup in the fridge.*

Word order

Russian word order is very flexible. Russians usually begin a sentence with a place or time of an action: Завтра я работаю. *I am working tomorrow.* На этой улице много банков. *There are a lot of banks in this street.*

Rising of intonation indicates a question: Ты студент↑? *Are you a student?*
If a sentence begins with a question word, intonation is usually affirmative: Где магазин↓? *Where is a shop?*

Declination of the verbs жить - live, говорить - speak, работать - work

Я: Живу / Говорю / Работаю
Мы: Живём / Говорим / Работаем
Ты: Живёшь / Говоришь / Работаешь

Вы/вы: Живёте / Говорите / Работаете
Он/она/оно: Живёт / Говорит / Работает
Они: Живут / Говорят / Работают

6

Расскажите, какие у Вас жалобы
Tell us about your complaints

A

Слова

1. ангина - tonsillitis
2. антибиотик - antibiotic
3. артериальный - arterial
4. больничный - sick-leave
5. быстро - quick, fast
6. взять - to take
7. внимательнее - more carefully / attentively
8. вода - water
9. восемь - eight
10. воспалённый - inflammation
11. воспалительный - inflammatory
12. высокий - high
13. гипертония - hypertension
14. глубоко - deep
15. гнойный - purulent
16. градус - degree
17. даже - even
18. держать - to hold
19. доктор - doctor, physician
20. долго - a long time
21. заболевание - illness
22. замечать - to notice, to note
23. заражать - to infect
24. здоровье - health
25. изучать - to study
26. инфекционный - infection
27. история - history
28. календула - calendula
29. ларингит - laryngitis
30. лекарственный - medicinal
31. минеральный - mineral
32. молоко - milk
33. подмышка - underarm

34. назначать - to prescribe, to appoint
35. начинать - to begin
36. немедленно - immediately
37. нормально - normal
38. обычно - usually
39. одеть - to wear, to put on
40. озноб - fever
41. отвар - decoction
42. отдать - to give back
43. отит - otitis
44. переносить - to tolerate, to go through
45. периодически - periodically
46. пить - to drink
47. пневмония - pneumonia
48. поворачиваться - to turn around
49. повышенный - high, elevated
50. повязка - bandage
51. под - under
52. подать - to give
53. подумать - to think
54. подходить - to walk up to
55. пожалуйста - please
56. полоскать - to gargle
57. поставить - to put
58. постельный - bed rest
59. приглашать - to invite
60. признак - sign, symptom
61. продавать - to sell
62. просить - to ask
63. противоаллергический - anti-allergy medicine
64. процесс - process
65. рассказывать - to tell
66. ребёнок - child
67. ревматизм - rheumatism
68. рекомендация - recommendation
69. ромашка - chamomile
70. следовать - to follow
71. следствие - consequences, effects
72. сложно - difficult
73. сок - juice
74. сразу - immediately
75. средний - middle
76. стетоскоп - stethoscope
77. строго - strictly
78. температура - temperature, fever
79. тёплый - warm
80. только - only
81. трава - herb
82. тридцать - thirty
83. учащённый - accelerated
84. фонендоскоп - phonendoscope
85. чистый - clean
86. что - what
87. широко - wide
88. эвкалипт - eucalyptus
89. эффективный - effective

В

Больной подходит в регистратуру.
«Здравствуйте, я могу взять свою медицинскую карточку?» - спрашивает он.
«Какой врач Вас принимает?» - уточняют в регистратуре.
«Я иду к терапевту на десять часов», - говорит мужчина.
«Ваша карточка уже в кабинете врача», - отвечают в регистратуре.
«Спасибо», - говорит мужчина.
Медсестра приглашает больного в кабинет терапевта.

A patient walks up to the registration desk.
"Hello, can I pick up my medical record?" he asks.
"Which doctor are you seeing?" they ask at the registration desk.
"I see a physician at ten o'clock," the man says.
"Your card is already in the doctor's office," they reply at the registration desk.
"Thank you," says the man.
The nurse invites the patient into the physician's office.

«Проходите, пожалуйста», - говорит она.
«Здравствуйте, расскажите, какие у Вас жалобы», - просит доктор.
«У меня очень болит горло, болит голова, слабость», - рассказывает больной.
«Откройте широко рот», - просит доктор.
Врач берёт шпатель для языка и осматривает горло больного.
«У Вас красное и воспалённое горло», - говорит она.
«У меня грипп?» - интересуется больной.
«Нет, у Вас не грипп. Я думаю, у Вас ангина. У Вас воспалены миндалины», - объясняет врач. Доктор берёт термометр и подаёт больному.
«Вам нужно измерить температуру. Возьмите этот термометр. Он электронный», - говорит она.
«Сколько времени я должен держать его?» - спрашивает пациент.
«Он измеряет температуру сразу. Поставьте его под мышку», - объясняет доктор.
«Хорошо. Вот, возьмите», - говорит больной и отдаёт термометр врачу.
«У Вас температура тридцать восемь градусов. Идёт воспалительный процесс», - говорит врач.
«У меня озноб и болят мышцы», - жалуется больной.
«Да, это признаки высокой температуры», - объясняет врач.
Врач берёт стетоскоп.
«Я должна прослушать ваши лёгкие и бронхи», - говорит она и прослушивает грудь больного.
«Дышите глубоко. Не дышите. Поворачивайтесь спиной», - просит врач.
«Всё нормально?» - интересуется больной.
«Да, бронхи и лёгкие чистые», - отвечает врач.
Врач просит медсестру подать тонометр.
«Нужно измерить Ваше артериальное давление. Дайте руку», - просит доктор.
«Обычно у меня нормальное давление», -

"Come in, please," she says.
"Hello, tell us about your complaints," asks the doctor.
"I have a very sore throat, a headache, weakness," tells the patient.
"Open your mouth wide," asks the doctor.
The doctor takes a tongue compressor and examines the patient's throat.
"Your throat is red and inflamed," she says.
"Do I have the flu?" asks the patient.
"No, you do not have the flu. I think you have tonsillitis. You have inflamed tonsils," explains the doctor. The doctor takes a thermometer and gives it to the patient.
"You need to take your temperature. Take this thermometer. It is electronic," she says.
"How long should I keep it in?" asks the patient.
"It measures the temperature immediately. Put it under the arm," says the doctor.
"Good. Here you go," says the patient and gives the thermometer back to the doctor.
"You have a fever of thirty eight degrees centigrade. There is an inflammatory process," the doctor says.
"I have fever and sore muscles," complains the patient.
"Yes, these are symptoms of high fever," explains the doctor.
The doctor takes a stethoscope.
"I have to listen to your lungs and bronchi," she says, and listens to the patient's chest.
"Breathe deeply. Do not breathe. Turn your back," says the doctor.
"Is everything okay?" asks the patient.
"Yes, the bronchi and the lungs are clean," responds the physician.
The doctor asks the nurse to give her the tonometer.
"We need to measure your blood pressure. Give me your hand," asks the doctor.
"I usually have normal blood pressure," the patient says.

говорит пациент.
«Сейчас у Вас повышенное артериальное давление», - говорит доктор.
«У меня может быть гипертония?» - интересуется пациент.
«Нет, я думаю, это следствие высокой температуры», - продолжает доктор.
Врач берёт фонендоскоп.
«Мне нужно прослушать Ваше сердце», - говорит она.
«Да, в последние дни у меня периодически болит сердце», - жалуется пациент.
«У Вас учащённое сердцебиение. У Вас есть жалобы на сердце?» - спрашивает доктор.
«Обычно жалоб нет, только в последние дни», - отвечает больной.
Врач изучает историю болезни и делает записи в медицинской карточке.
«Два года назад у Вас была пневмония», - замечает она.
«Да, я сложно перенёс эту болезнь», - говорит больной.
«Вы должны быть внимательнее к своему здоровью. Я выписываю Вам рецепт», - говорит доктор.
«Я не могу долго болеть», - продолжает пациент.
«Тогда Вы должны строго следовать рекомендациям», - уточняет врач.
«Лечение нужно начинать немедленно», - говорит врач.
«Я не могу взять больничный», - отвечает пациент.
«У Вас могут быть осложнения. Подумайте об этом», - объясняет она.
«Какие осложнения могут быть?» - спрашивает больной.
«Средний отит, ларингит, воспаление почек, ревматизм», - говорит доктор.
«Я назначаю Вам постельный режим. Я выписываю Вам эффективные препараты. Это витамины, антибиотики», - объясняет врач.
«Мне нужно быстро выздороветь», - гово-

"Now you have high blood pressure," the doctor says.
"Could I have hypertension?" the patient asks.
"No, I think this is the result of the fever," continues the doctor.
The doctor takes a phonendoscope.
"I need to listen to your heart," she says.
"Yes, in the last few days, my heart has been aching," the patient complains.
"You have an accelerated heartbeat. Do you have any complaints about the heart?" asks the doctor.
"Usually I have no complaints, only in the last few days," the patient responds.
The doctor examines the medical history and makes notes in the medical record.
"Two years ago, you had pneumonia," she observes.
"Yes, I had a difficult illness," says the patient.
"You should be more attentive to your health. I am writing you a prescription," the doctor says.
"I cannot be sick for very long," continues the patient.
"Then you must strictly follow the recommendations," says the doctor.
"The treatment should begin immediately," the doctor says.
"I cannot take sick leave," the patient responds.
"You can have complications. Think about that," she explains.
"What complications could there be?" asks the patient.
"Otitis of the middle-ear, laryngitis, inflammation of the kidneys, rheumatism," says the doctor.
"I prescribe bed rest. I prescribe you effective medications. These are vitamins, antibiotics," explains the doctor.
"I need to recover quickly," says the patient.

рит больной.
«Я могу принимать свои противоаллергические препараты?» - продолжает он.
«Конечно, эти препараты Вам принимать даже нужно», - говорит врач.
«Вы должны много пить соков, минеральной воды, молока. Всё должно быть тёплым», - продолжает он.
«Сколько раз в день нужно полоскать горло?» - спрашивает пациент.
«Горло нужно полоскать не менее пяти раз в день», - объясняет врач.
«Чем лучше полоскать горло?» - спрашивает больной.
«Можно сделать отвар из ромашки, эвкалипта и календулы», - рассказывает доктор.
«Это продаётся в аптеке?» - интересуется больной.
«Да, эти лекарственные травы продаются в аптеке», - говорит доктор.
«У вас есть дети?» - спрашивает доктор.
«Да у меня есть ребёнок. Ему пять лет», - отвечает мужчина.
«Гнойная ангина - инфекционное заболевание. Вы можете его заразить», - объясняет доктор.
«Хорошо. Тогда я могу одеть повязку», - отвечает больной.
«Я назначаю вам повторный приём через пять дней. Выздоравливайте», - говорит врач.
«Спасибо большое. До свидания», - отвечает больной.

"Can I take my anti-allergy medications?" he continues.
"Of course, you even need to take these medications," the doctor says.
"You have to drink a lot of juices, mineral water, milk. Everything should be warm," she continues.
"How many times a day should I gargle?" asks the patient.
"You should gargle at least five times a day," says the doctor.
"What is best to gargle with?" asks the patient.
"You can make a decoction of chamomile, eucalyptus, and calendula," says the doctor.
"Is it sold at the pharmacy?" asks the patient.
"Yes, these medicinal herbs are sold at the pharmacy," the doctor says.
"Do you have children?" asks the doctor.
"Yes, I have a child. He is five years old," replies the man.
"A purulent tonsillitis is an infectious disease. You can infect him," says the doctor.
"OK. Then I can wear a mask," the patient says.
"I prescribe a follow-up visit in five days. Get well," the doctor said.
"Thank you very much. Goodbye," replies the patient.

Вопросы к тексту

1. Куда подходит больной?
2. Где его карточка?
3. Куда приглашает больного медсестра?
4. Что нужно померить больному?
5. Какой термометр?

Questions about the text

1. Where does the patient go?
2. Where is his medical record?
3. Where does the nurse invite the patient to go?
4. What does the patient need to have taken?

6. Какое у него обычно артериальное давление?
7. У него есть обычно жалобы на сердце?
8. Что изучает врач?
9. Когда нужно начинать лечение?
10. Какие осложнения могут быть?
11. Он может принимать противоаллергические препараты?
12. Сколько раз в день нужно полоскать горло?
13. Чем лучше полоскать горло?
14. Из чего можно сделать отвар?
15. Когда врач назначает повторный приём?

5. *What kind of thermometer is it?*
6. *What is his blood pressure usually?*
7. *Does he usually have a heart complaint?*
8. *What does the doctor examine?*
9. *When does he need to start treatment?*
10. *What complications could there be?*
11. *Can he take anti-allergy medications?*
12. *How many times a day does he need to gargle?*
13. *What is best to gargle with?*
14. *From what can he make a decoction?*
15. *When does the doctor prescribe a follow-up visit?*

The months

The months in Russian are very similar to the months in English. The gender of all months in Russian is masculine. Note: the months start with a small letter unless they are at the beginning of a sentence.

Зимние месяцы - декабрь, январь, февраль. *Winter months are December, January, February.*

Весенние месяцы - март, апрель, май. *Spring months are March, April, May.*

Летние месяцы - июнь, июль, август. *Summer months are June, July, August.*

Осенние месяцы - сентябрь, октябрь, ноябрь. *Autumn months are September, October, November.*

В мае мы были в Эрмитаже. *We were in the Hermitage Museum in May.*

В декабре холодно, но нет снега. *It is cold in December, but there is no snow.*

С сентября она вышила 3 новых картины. *She has embroidered 3 new pictures since September.*

Я нахожусь в России с мая. I *have been in Russia since May.*

7

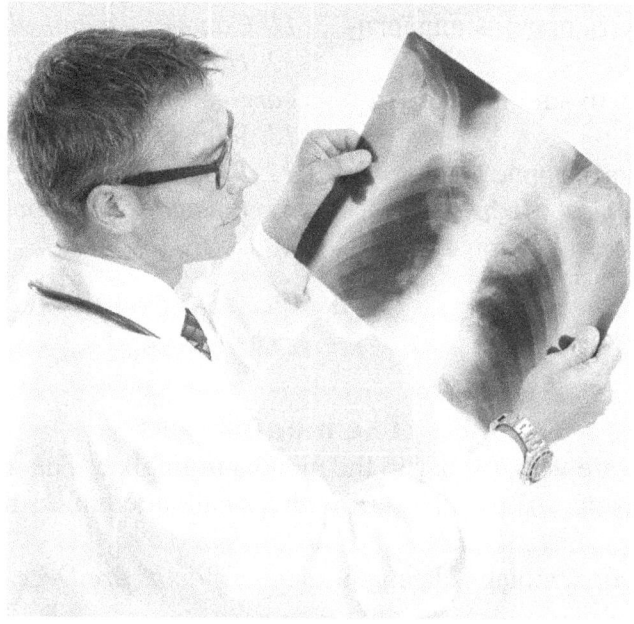

Доктор устанавливает диагноз
The doctor sets the diagnosis

A

Слова

1. аллергический - allergic
2. аллергия - allergy
3. аллерголог - allergist
4. анализ - test, analysis
5. анамнез - history
6. беспокоиться - to worry
7. быстрее - faster
8. вызывать - to call
9. дальше - further
10. дерматит - dermatitis
11. дерматоскоп - dermatoscope
12. другой - other
13. заменить - to replace
14. записанный - registered
15. зачем - for what
16. здоровый - healthy
17. значит - means
18. иммунитет - immune system
19. индивидуальный - individual
20. исчезновение - disappearance
21. коагулятор - coagulator
22. кожный - skin
23. кожа - skin
24. комплексный - comprehensive
25. компонент - ingredient, component
26. лечить - heals
27. мазать - to apply
28. мазь - ointment
29. мой - mine, my
30. назначение - referral, prescription
31. непереносимость - intolerance
32. ничего - nothing

33. новообразование - mole, growth
34. номер - number
35. общий - general
36. одевать - to put on
37. опасный - dangerous
38. организм - organism
39. осмотреть - to examine
40. ощущение - feeling
41. пациентка - patient
42. перчатка - glove
43. побочный - side-effect
44. повреждённый - damaged
45. пока - for now, so far
46. показывать - to show
47. покраснение - redness
48. полный - full
49. положить - to put
50. пониженный - lowered, weakened
51. посещать - to visit
52. появляться - to show up
53. прекращать - to stop
54. при - during
55. проконсультироваться - to consult
56. простой - simple
57. простуда - cold
58. противовоспалительный - anti-inflammatory
59. прощаться - to take leave, say goodbye
60. проявляться - to exhibit
61. реакция - reaction
62. симптом - symptom
63. советовать - to advise
64. сухость - dryness
65. считать - to think
66. тогда - then
67. ток - electric current
68. тринадцать - thirteen
69. уровень - level
70. устанавливать - to set, to establish
71. участок - area
72. фон - background
73. частота - frequency
74. четыре - four
75. чтобы - for
76. эозинофил - eosinophil

B

«Здравствуйте. В каком кабинете принимает дерматолог?» - спрашивает женщина.
«Он принимает на втором этаже. Кабинет номер десять», - отвечают в регистратуре.
«Он хороший специалист?» - уточняет женщина.
«Да, это хороший и опытный врач. Вы записаны на приём?» - уточняет работник регистратуры.
«Да, я записана на тринадцать часов», - отвечает женщина.
Медсестра приглашает пациента в кабинет.
«Проходите в кабинет», - говорит она.
«Вот моя карточка», - говорит женщина и отдаёт карточку медсестре.
«Положите на стол. На что Вы жалуетесь?» - спрашивает дерматолог.
«У меня появились высыпания на коже», -

"Hello. Where is the dermatologist's office?" the woman asks.
"His office is on the second floor. Office number ten," they answer at the registration desk.
"Is he a good specialist?" asks the woman.
"Yes, he is a good and experienced doctor. Do you have an appointment?" asks the registration worker.
"Yes, I have an appointment for one p.m.," replies the woman.
A nurse invites the patient into the office.
"Come into the office," she says.
"Here's my medical record," says the woman and gives the medical record to the nurse.
"Put it on the table. What are your complaints?" asks the dermatologist.

объясняет больная.
«Покажите, что Вас беспокоит», - просит доктор.
Женщина показывает высыпания на руках и шее.
«Эти высыпания появились давно?» - спрашивает врач.
«Нет, они появились четыре дня назад», - отвечает пациентка.
«Эти высыпания вызывают у Вас зуд?» - уточняет доктор.
«Да, они вызывают зуд и ощущение сухости», - жалуется больная.
Врач берёт дерматоскоп и надевает перчатки.
«Я должен посмотреть, есть ли новообразования на коже», - говорит дерматолог.
«Это опасно?» - беспокоится женщина.
«Не беспокойтесь. Пока я не вижу ничего опасного. Это простой дерматит», - отвечает врач.
Врач устанавливает диагноз.
«Какие лекарственные препараты Вы сейчас принимаете?» - спрашивает он.
«Я принимаю противовоспалительные препараты», - отвечает пациентка.
«Как давно Вы их принимаете?» - продолжает спрашивать доктор.
«Я принимаю их уже пять дней», - рассказывает больная.
Врач уточняет, есть ли у больной побочные реакции на препарат.
«У Вас аллергическая реакция на компоненты препарата», - говорит доктор.
«Вы думаете, это аллергия?» - спрашивает пациентка.
«Да, покраснение и зуд - это аллергическая реакция организма», уточняет доктор.
«Я могу принимать это лекарство дальше?» - интересуется женщина.
«Нет, Вы не можете его принимать. У Вас индивидуальная непереносимость на компоненты препарата», - объясняет доктор.
«Что мне делать?» - беспокоится больная.

"I have a skin rash," explains the patient.
"Please show what you're concerned about," says the doctor.
The woman shows some rashes on the hands and neck.
"Did these rashes appear a long time ago?" asks the doctor.
"No, they appeared four days ago," the patient replies.
"Do these rashes itch?" asks the doctor.
"Yes, they are itchy and feel dry," complains the patient.
The doctor takes a dermatoscope and puts on gloves.
"I have to see whether there are new moles on the skin," says the dermatologist.
"Is it dangerous?" worries the woman.
"Do not worry. So far, I do not see anything dangerous. This is a simple dermatitis," answers the doctor.
The doctor sets the diagnosis.
"What medications are you are currently taking?" he asks.
"I take anti-inflammatory medications," the patient responds.
"How long have you been taking them?" the doctor goes on to ask.
"I have been taking them for five days," says the patient.
The doctor checks whether the patient is suffering from the medicine's side-effects.
"You have an allergic reaction to the medicine's ingredients," the doctor says.
"Do you think it is an allergy?" asks the patient.
"Yes, redness and itching are the body's allergic reactions," the doctor clarifies.
"Can I continue taking this medicine?" inquires the women.
"No, you cannot take it. You have an individual intolerance to the medicine's ingredients," explains the doctor.
"What should I do?" worries the patient.
"I think that you need to replace this medi-

«Я считаю, нужно заменить этот препарат на другой. Вам нужно ещё раз проконсультироваться с Вашим терапевтом», - говорит врач.
Доктор направляет на / выписывает анализы.
«Вы должны сделать общий анализ крови», - говорит он.
«Зачем нужно делать общий анализ крови?» - интересуется пациентка.
«Результаты нужны для назначения лечения», - объясняет дерматолог.
«Когда я могу начать лечение?» - уточняет больная.
«Только после результатов анализа мы можем начать комплексное лечение», - отвечает врач.
Врач продолжает собирать анамнез.
«У Вас часто бывают кожные высыпания?» - спрашивает доктор.
«Да, иногда кожные высыпания бывают», - отвечает больная.
«У Вас есть аллергия?» - продолжает врач.
«Да, у меня часто бывает аллергия», - уточняет женщина.
«Тогда Вам нужно посетить аллерголога», - говорит доктор.
Через три дня врач-дерматолог назначает повторный приём с результатами анализов.
«Ваш анализ крови показывает высокий уровень эозинофилов», - говорит врач.
«Доктор, что это значит?» - спрашивает пациентка.
«Это значит, что у Вас понижен иммунитет. Вы часто болеете простудой?» - объясняет врач-дерматолог.
«Да, я часто болею простудой и гриппом», - отвечает больная.
«На фоне пониженного иммунитета у Вас проявляется кожная аллергия. Я выписываю Вам рецепт», - говорит дерматолог.
Врач подаёт женщине рецепт и объясняет, что нужно делать.
«Как я должна лечить кожную аллергию?» -

cine with another one. You need to consult with your physician again," the doctor says.
The doctor prescribes tests.
"You need to do a general blood test," he says.
"Why do I need to do a general blood test?" inquires the patient.
"We need the results to prescribe treatment," explains the dermatologist.
"When can I start treatment?" says the patient.
"We can begin a comprehensive treatment only after we get the test results," replies the doctor.
The doctor continues to gather the patient's history.
"Do you have skin rashes often?" asks the doctor.
"Yes, I sometimes have skin rashes," replies the patient.
"Do you have allergies?" continues the doctor.
"Yes, I often have allergies," says the woman.
"Then you need to visit an allergist," the doctor says.
Three days later, the dermatologist sets a follow-up visit with the test results.
"Your blood test shows a high level of eosinophils," the doctor says.
"Doctor, what does it mean?" asks the patient.
"This means that you have weakened immune system. Do you often get sick with the cold?" explains dermatologist.
"Yes, I am often sick with the cold and the flu," the patient responds.
" Because of a weakened immune system, you get skin allergies. I am writing you a prescription," says the dermatologist.
The doctor gives the woman the prescription and explains what to do.
"How am I supposed to treat the skin allergies?" asks the patient.

уточняет пациентка.

«Я выписываю Вам мазь. Вам нужно мазать повреждённые участки кожи три раза в день», - объясняет врач.

«Когда я могу прекратить лечение?» - спрашивает женщина.

«Лечение нужно продолжать до полного исчезновения симптомов, - говорит дерматолог.

«Где я могу купить эту мазь? - спрашивает больная.

«Вы можете купить эту мазь в аптеке», - уточняет доктор.

«Что нужно делать, чтобы дерматит прошёл быстрее», - беспокоится пациентка.

«Дерматит проходит быстрее при лечении коагулятором», - советует врач.

«Что такое коагулятор?» - интересуется пациентка.

«Это аппарат для лечения кожи. Он лечит кожу с помощью тока высокой частоты. Я советую Вам пройти эти процедуры», - говорит дерматолог.

«Конечно, я обязательно хочу их пройти», - говорит пациентка.

«Вы должны пройти пять процедур. После этого я назначаю повторный приём», - говорит врач.

«Хорошо, доктор. Спасибо. До свидания», - прощается пациентка.

«Будьте здоровы. До свидания», - говорит доктор.

"I am prescribing you an ointment. You need to apply it to the damaged skin three times a day," explains the doctor.

"When can I stop the treatment?" the woman asks.

"You need to continue the treatment until the complete disappearance of the symptoms," says the dermatologist.

"Where can I buy this ointment?" asks the patient.

"You can purchase this ointment at the pharmacy," says the doctor.

"What should I do to heal the dermatitis faster?" worries the patient.

"Dermatitis heals faster when it's treated with a coagulator."

"What is a coagulator?" inquires the patient.

"It is a device for skin treatment. It treats the skin with a high-frequency electric current. I advise you to undergo such treatments," says the dermatologist.

"Of course, I certainly want to undergo it," says the patient.

"You must undergo five treatments. After that, I am setting a follow-up visit," the doctor says.

"All right, doctor. Thank you. Goodbye," the patient takes her leave.

"Be well. Goodbye," says the doctor.

C

Вопросы к тексту

1. В каком кабинете принимает дерматолог?
2. Он хороший специалист?
3. Что показывает женщина?
4. Что назначает доктор?
5. Зачем нужно делать общий анализ крови?
6. Для чего нужны результаты?
7. Когда можно начать комплексное лече-

Questions about the text

1. Where is the dermatologist's office?
2. Is he a good specialist?
3. What does the woman show?
4. What does the doctor prescribe?
5. Why does she need to do a general blood test?
6. Why do they need the results?

ние?
8. Когда врач-дерматолог назначает повторный приём?
9. Что показывает анализ крови?
10. Что выписывает врач?
11. Когда можно прекратить лечение?
12. Где она может купить эту мазь?
13. Что нужно делать, чтобы дерматит прошёл быстрее?
14. Что такое коагулятор?
15. Как лечит кожу коагулятор?

7. *When can she start the comprehensive treatment?*
8. *When does the dermatologist set the follow-up visit?*
9. *What does the blood test show?*
10. *What does the doctor prescribe?*
11. *When can she stop the treatment?*
12. *Where can she buy the ointment?*
13. *What should she do to heal the dermatitis faster?*
14. *What is a coagulator?*
15. *How does the coagulator heal the skin?*

D

Asking a person's name

Как тебя/Вас зовут? *What is your name?*
Как его зовут? *What is his name?*
Как её зовут? *What is her name?*
Как их зовут? *What are their names?*

Saying a person's name

Меня зовут Аня. *My name is Anya.*
Его зовут Евгений. *His name is Yevgeny.*
Её зовут Настя. *Her name is Nastya.*
Их зовут Алина и Михаил. *Their names are Alina and Mihail.*

8

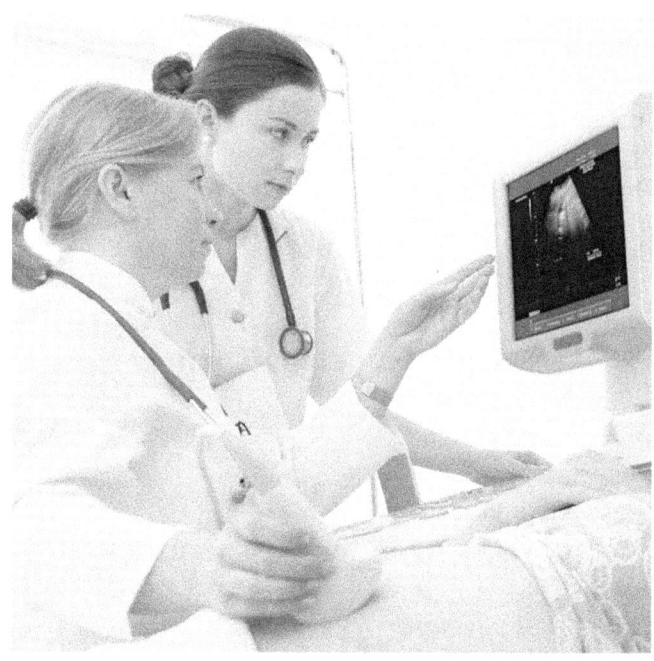

Эхоскан
An ultrasound scanner

А

Слова

1. архив - archive
2. ассистент - assistant
3. безболезненный - painless
4. бесконтактный - contact-free
5. внутриглазной - intraocular
6. врач-офтальмолог - ophthalmologist
7. вспоминать - to recall, to remember
8. выявлять - to detect
9. длиться - to last
10. если - if
11. закапывать - use eye drops
12. занимать - to take (a place)
13. записываться - to register
14. заранее - in advance
15. зрение - vision
16. изменение - change
17. или - or
18. инструкция - instructions
19. интересоваться - to inquire
20. исчезать - to disappear
21. катаракта - cataract
22. клиника - clinic
23. компьютерный - computerized, electronic
24. коррекция - correction
25. краснеть - to turn red
26. кроме того - in addition
27. лекарство - medicine, medication
28. ли - whether, if
29. мало - a little
30. начало - beginning
31. невидимый - invisible

32. необходимый - necessary
33. неясно - unclear
34. носить - to wear
35. обследование - examination
36. определять - to determine, to measure
37. острота - acuity
38. очки - glasses
39. ощущать - to feel
40. пелена - blurred vision
41. перед - in front
42. плановый - annual, planned, general
43. повреждение - damage
44. подводить - lead
45. поле - field
46. помочь - to help
47. порядок - order
48. предупреждать - to warn
49. придётся - will be necessary
50. роговица - cornea
51. сетчатка - retina
52. слезиться - water
53. смотреть - to look
54. сниженный - lowered
55. сон - sleep
56. состояние - state, condition
57. срок - time period
58. степень - level
59. сужение - narrowing
60. сюда - here
61. ультразвук - ultrasound
62. успокаивать - to calm down
63. фамилия - last name
64. フороптер - phoropter
65. чем - with what
66. читать - to read
67. электронный - electronic
68. эхоскан - ultrasound scanner

B

«Здравствуйте, я должен быть на приёме у офтальмолога в одиннадцать часов», - говорит мужчина.
«Где Ваша история болезни?» - спрашивает ассистент.
«История болезни в регистратуре (архиве)», - отвечает пациент.
«Запишите Вашу фамилию. Историю болезни принесут в кабинет», - говорит ассистент.
Мужчина подходит к кабинету офтальмолога.
«Кто последний к офтальмологу?» - спрашивает он.
«Занимайте очередь за мной. Я последний», - говорят в очереди.
Через время медсестра приглашает больного в кабинет.
«Проходите в кабинет», - говорит она.
«У меня плановый осмотр», - говорит мужчина.

Доктор рассматривает историю болезни.

"Hello, I had an appointment with an ophthalmologist at eleven o'clock," says the man.
"Where is your medical history?" asks the assistant.
"The medical history is at the registration (archive)," replies the patient.
"Write down your last name. They will bring your medical history to the office," says the assistant.
A man goes to the ophthalmologist's office.
"Who is the last in line to see the ophthalmologist?" he asks.
"Your appointment will be after me. I'm the last one," a person in line says.
After a while, a nurse invites the patient into the office.
"Come into the office," she says.
"I have an annual checkup," says the man.

The doctor examines the medical history.

«Хорошо. У Вас есть жалобы?» - спрашивает доктор.	"Good. Do you have any complaints?" asks the doctor.
«Да, иногда у меня болят глаза», - говорит больной.	"Yes, sometimes my eyes hurt," says the patient.
«Вы всегда хорошо видите?» - уточняет офтальмолог.	"Can you always see well?" asks the ophthalmologist.
«Иногда я вижу неясно», - уточняет больной.	"Sometimes I can't see clearly," says the patient.
«Давайте проверим Ваше зрение», - говорит врач.	"Let's check your vision," the doctor says.
«Хорошо, что я должен делать? - интересуется больной.	"OK, what should I do?" asks the patient.
Доктор подводит пациента к прибору и даёт инструкции.	The doctor walks the patient to an instrument and gives instructions.
«Мы проверяем зрение с помощью нового прибора - электронного фороптера».	"We check vision with the help of a new instrument, the electronic phoropter."
«Что определяет фороптер?» - спрашивает пациент.	"What does the phoropter measure?" asks the patient.
«Этот прибор определяет остроту зрения. Смотрите сюда», - отвечает врач.	"This device measures eyesight. Look over here," asks the doctor.
Врач проводит измерения и делает записи. Она объясняет результаты больному.	The doctor takes measurements and takes notes. She explains the results to the patient.
«Острота зрения снижена», - говорит врач.	"Your eyesight is weakened," the doctor says.
«Мне придётся носить очки?» - спрашивает пациент.	"Will I have to wear glasses?" asks the patient.
«Нет, пока Вам не нужно носить очки. Для начала мы определим необходимую степень коррекции», - объясняет доктор.	"No, for now you do not need to wear glasses. First we will check the necessary level of correction," explains the doctor.
«Это должно помочь?» - беспокоится пациент.	"Will it help?" worries the patient.
«Да, это должно помочь. Кроме того, я выписываю Вам глазные капли и витамины», - говорит врач-офтальмолог.	"Yes, it should help; in addition, I prescribe you eye drops and vitamins," says the ophthalmologist.
В истории болезни врач проверяет сроки последних анализов.	In the medical history, the doctor checks the time of the last tests.
«Вам нужно измерить внутриглазное давление», - говорит она.	"You need to have your intraocular pressure measured," she says.
«Как это можно сделать?» - спрашивает больной.	"How is it done?" asks the patient.
«Внутриглазное давление измеряют в офтальмологической клинике на бесконтактном компьютерном тонометре», - объясняет врач.	"Intraocular pressure is measured in the ophthalmic clinic on a contact-free electronic tonometer," explains the doctor.
«У меня уже есть новые результаты по глаз-	"I already have new results of an ocular

ному давлению», - говорит пациент.
Больной подаёт последние данные измерений глазного давления. Врач берёт и читает данные.
«Я вижу, что у Вас высокое глазное давление», - говорит она.
«Доктор, чем это вызвано?» - интересуется больной.
«Вы проводите много времени за компьютером?» - спрашивает офтальмолог.
«Да, я много работаю за компьютером», - отвечает больной.
«Какие у Вас есть ещё жалобы?» - уточняет врач.
«Иногда у меня слезятся глаза, и появляется пелена перед глазами, ещё у меня краснеют веки и глаза», - продолжает больной.
«Тогда мы должны проверить, нет ли повреждений на сетчатке или роговице глаза. Это может быть признаком глазного заболевания», - говорит врач.
Больного просят пройти в другой кабинет. Там стоит эхоскан.
«Это эхоскан. Эта процедура безболезненная», - объясняет врач.
«Что выявляет эхоскан?» - интересуется пациент.
«С помощью ультразвука прибор выявляет повреждения глаза при катаракте», - говорит офтальмолог.
«Но у меня нет повреждений», - уточняет пациент.
«Это могут быть изменения в сетчатке глаза. Они невидимы врачу-офтальмологу», - объясняет врач.
«У Вас бывает сужение поля зрения?» - продолжает изучать состояние пациента офтальмолог.
«Нет, у меня не бывает сужения поля зрения», - отвечает мужчина.
«Вы ощущаете сухость в глазах?» - спрашивает врач.
«Да, иногда в глазах есть сухость», - вспоминает больной.

pressure exam," the patient says.
The patient hands over the latest data from an ocular pressure exam. The doctor takes them and reads the data.
"I see that you have high ocular pressure," she says.
"Doctor, what caused it?" inquires the patient.
"Do you spend a lot of time at the computer?" asks the ophthalmologist.
"Yes, I work at the computer," the patient responds.
"What are your other complaints?" asks the doctor.
"Sometimes I get watery eyes, and I have blurred vision; also, my eyelids and eyes turn red," replies the patient.
"Then we need to check whether there is damage to the retina or the cornea. These may be symptoms of an eye disease," the doctor says.
The patient is asked to go into another room. There is an ultrasound scanner.
"This is an ultrasound scanner. This procedure is painless," explains the doctor.
"What does the ultrasound scanner detect?" the patient inquires.
"This device uses ultrasound to detect damage to the eyes due to cataract," says the ophthalmologist.
"But I don't have any damage," says the patient.
"There may be changes in the retina. They are invisible to the ophthalmologist," explains the doctor.
"Do you sometimes have a narrowing of the field of vision?" the ophthalmologist continues to study the patient's condition.
"No, I do not experience the narrowing of the field of vision," the man replies.
"Do you feel dryness in the eyes?" asks the doctor.
"Yes, I sometimes have dry eyes," says the patient.

«Эхоскан показывает, что изменений в сетчатке и роговице нет», - говорит офтальмолог.
«Это меня успокаивает», - отвечает пациент.
«Но Вы должны провести профилактику зрения», - предупреждает врач.
Врач выписывает рецепт и объясняет порядок приёма лекарств.
«Я должен принимать лекарства?» - интересуется больной.
«Да, Вы должны принимать капли и лекарства. Я выписываю Вам витамины и глазные капли», - говорит врач.
«Я должен закапывать глаза?» - уточняет пациент.
«Да, Вы должны закапывать глаза два раза в день: утром и перед сном», - объясняет доктор.
«Я могу продолжать работу за компьютером?» - уточняет пациент.
«На время лечения Вы должны мало работать за компьютером», - советует доктор.
«Сколько времени длится лечение?» - спрашивает больной.
«Лечение длится десять дней. Если симптомы не исчезают, тогда мы продолжаем обследование», - объясняет доктор.
«Вы должны прийти на приём через десять дней», - продолжает она.
«Хорошо. Я запишусь на приём заранее. Спасибо, доктор. До свидания», - говорит пациент.
«Будьте здоровы. Всего хорошего», - отвечает она.

"The ultrasound scanner shows that there are no changes in the retina and cornea," says the ophthalmologist.
"It makes me calmer," the patient responds.
"But you have to undergo a preventive vision treatment," warns doctor.
The doctor writes a prescription, and explains the order in which the medication should be taken.
"Do I have to take medication?" inquires the patient.
"Yes, you have to take drops and medications. I am prescribing you vitamins and eye drops," the doctor says.
"Do I have to use eyes drops?" asks the patient.
"Yes, you have to use eyes drops twice a day: in the morning and before bedtime," explains the doctor.
"Can I continue to work at the computer?" asks the patient.
"You should work only a little on the computer during the treatment," the doctor advises.
"How long is the treatment?" asks the patient.
"The treatment lasts ten days. If the symptoms persist, then we will continue the exams," the doctor explains.
"You need to return for an appointment in ten days," she continues.
"Good. I will make an appointment in advance. Thank you, Doctor. Goodbye," says the patient.
"Be well. All the best," she says.

Вопросы к тексту

1. Где история болезни?
2. Куда подходит мужчина?
3. Куда доктор подводит пациента?

Questions about the text

1. *Where is the medical history?*
2. *Where does the man go?*
3. *Where does the doctor lead the patient?*

4. Что определяет фороптер?
5. Какие капли выписывает доктор?
6. Что проверяет врач в истории болезни?
7. Где измеряют внутриглазное давление?
8. Что подаёт больной?
9. Что выявляет эхоскан?
10. Какую профилактику должен провести пациент?
11. Какие лекарства он должен принимать?
12. Сколько раз нужно закапывать глаза?
13. Сколько времени длится лечение?
14. Через сколько дней нужно прийти на приём?

4. What does the phoropter measure?
5. Which drops does the doctor prescribe?
6. What does the doctor check in the medical history?
7. Where do they measure intraocular pressure?
8. What does the patient hand to the doctor?
9. What does the ultrasound scanner detect?
10. What preventative treatment should the patient undergo?
11. Which medications should he take?
12. How many times does he need to put in eye-drops?
13. How long does the treatment last?
14. After how many days does he need to come back for an appointment?

Comparative form of adjectives

You can form the comparative of adjective by adding –ее (-ей), -е, -ше: длинный *(long)* - длиннее/длинней *(longer)*, красивый *(beautiful)* - красивее/красивей *(more beautiful)*, тонкий *(thin)* - тоньше *(thinner)*. Common exceptions: хороший *(good)* - лучше *(better)*, плохой *(bad)* - хуже *(worse)*.

You can also form the comparative of adjective by adding the words более *(more)*, менее *(less)*:

умный *(clever)* - более/менее умный *(more/less clever)*, низкий *(low)* - более/менее низкий *(lower/less low)*, дружелюбный *(friendly)* - более/менее дружелюбный *(more/less friendly)*:

Евгений встаёт раньше, чем я. *Yevgeny gets up earlier than I do.*
Эта программа более интересная, чем та. *This program is more interesting than that one.*

Superlative form of adjectives

You can form the superlative by adding -ейший, -айший: умнейший *(the cleverest)*, сильнейший *(the strongest)*: Он умнейший человек. *He is the cleverest person.*

You can form the superlative form of adjective by adding the words самый, наиболее, наименее: умный *(clever)* - самый умный/наиболее умный *(the cleverest)*, наименее умный *(the least clever)*.

Самое хорошее кафе нашего города находится на ул. Пушкина. *The best café of our town is in Pushkina Street.*

Лена самая умная ученица нашего класса. *Lena is the cleverest pupil of our class.*

9

Как давно у Вас эти симптомы?
How long have you had these symptoms?

Слова

1. активность - activity
2. беспокойство - worry
3. бросать - to stop
4. вред - harm, damage
5. гастрит - gastritis
6. дать, давать - to give
7. движение - movement
8. диета - diet
9. добавлять - to add
10. дополнительный - additional
11. единственный - only
12. заходить - to go in
13. избегать - to avoid
14. клапан - valve
15. количество - amount
16. курить - to smoke
17. лабораторный - laboratory
18. меняться - to change
19. нагрузка - activity, strain
20. наносить - to cause
21. недуг - illness
22. обращаться - to turn to
23. одышка - shortness of breath
24. онемение - numbness
25. опять - again
26. ослабевать - to weaken
27. основа - basis
28. относиться - to treat, to regard

29. ошибка - mistake
30. подбирать - to choose, put together
31. подвергать - to expose
32. позволять - to allow
33. показатель - indicator
34. покупать - to buy
35. постановка - establishing
36. правильно - correctly
37. препятствовать - prevent, hinder
38. причина - cause
39. программа - program
40. профилактический - preventative
41. проходить - to go in
42. работа - work
43. разрабатывать, развиваться - to develop
44. расписывать - write down
45. расширение - expansion
46. регулярно - regularly
47. риск - risk
48. ритм - rhythm
49. сам - himself, myself
50. связанный - connected, related
51. себя - me
52. сердечно-сосудистый - cardiovascular
53. сердечный - heart
54. серьёзнее - more seriously
55. скорость - speed, rate
56. со - with
57. собирать - to collect
58. совершать - to make, to commit
59. сокращение - contractions
60. составлять - to put together
61. спорт - sport, athletics
62. стенка - wall
63. тесно - tight
64. успевать - to have time
65. успокоительный - sedative
66. уставать - to be tired
67. хронический - chronic
68. ЭКГ (электрокардиограмма) - electrocardiogram (ECG)
69. эхокардиография - echocardiography
70. ЭхоКГ (эхокардиограмма) - echocardiogram

B

«Здравствуйте, я записан на двенадцать часов к кардиологу», - говорит мужчина.
«Значит, Вы по записи? Вас ждут?» - уточняют в регистратуре.
«Да, меня уже ждут. Подскажите, где находится кабинет кардиолога?» - спрашивает мужчина.
«Кабинет кардиолога находится на втором этаже справа», - уточняет работник регистратуры.
«Проходите в кабинет, пожалуйста», - говорит медсестра.
Пациент заходит в кабинет кардиолога.
«Давайте Вашу карточку. Что вас беспокоит?» - спрашивает врач.
«Меня беспокоит онемение левой руки и учащённое сердцебиение», - говорит больной.

"Hello, I have an appointment with a cardiologist for twelve o'clock," says the man.
"So you are registered? Are they expecting you?" they ask at registration.
"Yes, they are expecting me. Could you tell me, where is the cardiologist's office?" the man asks.
"The cardiologist's office is on the second floor to the right," replies the receptionist.
"Please come into the office," the nurse says.
The patient comes into the cardiologist's office.
"Hand me your medical record. What troubles you?" asks the doctor.
"I am concerned about numbness in my left arm and an accelerated heartbeat," says the patient.

«Как давно у Вас эти симптомы?» - спрашивает кардиолог.
«Это беспокоит меня уже неделю», - говорит мужчина.
«Вам нужно было обратиться сразу. Есть ли ещё какие-то жалобы?» - уточняет врач.
«Да, у меня появилась одышка, и я быстро устаю», - добавляет больной.
Врач собирает анамнез, необходимый для постановки диагноза.
«Сколько Вам лет?» - спрашивает доктор.
«Мне сорок три года», - отвечает пациент.
«Как часто Вы бываете на приёме у кардиолога?» - уточняет врач.
«Я бываю на приёме у кардиолога редко», - говорит больной.
«После сорока лет посещать кардиолога нужно регулярно, - советует врач. - Я должен Вас осмотреть. Нужно измерить пульс и артериальное давление».
«У меня часто бывает повышенное давление», - говорит больной.
Кардиолог берёт тонометр, чтобы измерить давление.
«Мы измерим артериальное давление этим тонометром. Давайте руку», - просит врач.
«Доктор, давление может меняться от погоды?» - спрашивает пациент.
«Да, может. Но это не единственная причина», - уточняет доктор.
«У меня нормальное давление сейчас?» - интересуется больной.
«Нет, сейчас у Вас повышенное артериальное давление», - говорит врач.
Врач продолжает изучать историю болезни, чтобы правильно поставить диагноз.
«У Вас есть хронические заболевания?» - уточняет врач.
«Да, у меня есть хронические заболевания», - говорит больной.
«Какие это заболевания?» - спрашивает кардиолог.
«У меня гастрит и варикозное расширение вен», - уточняет мужчина.

"How long have you had these symptoms?" asks the cardiologist.
"It has been bothering me for a week," says the man.
"You should have come in immediately. Do you have any other complaints?" asks the doctor.
"Yes, I have shortness of breath, and I get tired quickly," adds the patient.
The doctor collects the medical history necessary for a diagnosis.
"How old are you?" asks the doctor.
"I'm forty- three years old," the patient responds.
"How often do you visit the cardiologist?" asks the doctor.
"I rarely visit the cardiologist," says the patient.
"People over forty years should visit the cardiologist regularly," the doctor advises.
"I need to examine you. I need to measure your pulse and blood pressure."
"I often have high blood pressure," says the patient.
The cardiologist takes a tonometer in order to measure the blood pressure.
"We will measure blood pressure using this tonometer. Give me your arm," asks the doctor.
"Doctor, can the blood pressure change because of the weather?" asks the patient.
"Yes, it can. But it's not the only reason," says the doctor.
"Is my blood pressure normal now?" inquires the patient.
"No, you have high blood pressure now," the doctor says.
The doctor continues to study the medical history in order to make the right diagnosis.
"Do you have any chronic illness?" asks the doctor.
"Yes, I have chronic illnesses," says the patient.
"What are the illnesses?" asks the cardi-

«Вы должны серьёзнее относиться к своему здоровью. Вы курите?» - уточняет доктор.
«Я курю очень редко», - отвечает больной.
«Это опасно для Вас. Вам необходимо бросить курить», - говорит врач.
«Варикозное расширение очень опасно при болезнях сердца. Это препятствует нормальному кровотоку. Вам нужно пройти дополнительное обследование», - продолжает объяснять доктор.
Врач назначает дополнительную диагностику.
«Вам нужно пройти лабораторную диагностику», - говорит кардиолог.
«Это дополнительное обследование?» - спрашивает больной.
«Да, Вам нужно сделать электрокардиограмму (ЭКГ)», - объясняет врач.
«Для чего нужно делать ЭКГ?» - интересуется пациент.
«ЭКГ показывает общее состояние сердца, частоту и ритм сердечных сокращений. Кроме ЭКГ, вам нужно сделать эхокардиографию», - объясняет врач.
«Вы назначаете мне комплексную диагностику?» - спрашивает больной.
«Да, Ваше состояние вызывает беспокойство», - говорит кардиолог.
«Что показывает ЭхоКГ?» - опять интересуется больной.
«ЭхоКГ позволяет определить состояние стенок сердца, работу клапанов, скорость движения крови», - объясняет доктор.
«Высокое артериальное давление связано со скоростью движения крови?» - спрашивает пациент.
«Конечно, эти показатели тесно связаны, - говорит врач. - На основе результатов диагностики я подбираю для Вас схему лечения».
Врач записывает схему лечения и количество физических нагрузок.
«Мне нужна диета?» - уточняет больной.
«Да, для Вас нужно составить диету и рас-

ologist.
"I have gastritis and varicose veins," says the man.
"You have to take your health more seriously. Do you smoke?" says the doctor.
"I smoke very rarely," the patient responds.
"It's dangerous for you. You need to quit smoking," the doctor says.
"Varicose veins is very dangerous with heart disease. This prevents normal blood flow. You need to undergo an additional examination," the doctor goes on to explain.
The doctor prescribes additional diagnostic tests.
"You need to do a laboratory test," says the cardiologist.
"Are these additional examinations?" asks the patient.
"Yes, you need to do an electrocardiogram (ECG)," explains the doctor.
"What is the purpose of an ECG?" the patient inquires.
"The ECG shows the general condition of the heart, the heart rate, and rhythm. In addition to the ECG, you need to do an echocardiography," says the doctor.
"Are you prescribing a comprehensive diagnostic test?" asks the patient.
"Yes, your condition is worrying," says the cardiologist.
"What does the echocardiogram show?" the patient inquires again.
"The echocardiogram allows us to determine the condition of the walls of the heart, valve operation, the rate of the blood flow," explains the doctor.
"Is high blood pressure related to the rate of blood flow?" asks the patient.
"Of course, these indicators are closely related," the doctor says. "Based on the results of the diagnostic test, I put together your treatment plan."
The doctor writes down a treatment plan

писать физические нагрузки», - говорит доктор.
«Я могу заниматься спортом?» - спрашивает пациент.
«Да, Вы должны заниматься спортом. На фоне низкой физической активности Ваша сердечно-сосудистая система ослабевает», - объясняет врач.
«Вы принимаете сейчас какие-то лекарства?» - спрашивает врач.
«Да, я принимаю успокоительные и противоаллергические препараты», - говорит пациент.
«Кто назначает Вам эти препараты?» - уточняет кардиолог.
«Я сам покупаю их в аптеке», - отвечает больной.
«Вы совершаете ошибку. Вы подвергаете себя риску. Это может нанести вред Вашему здоровью», - говорит доктор.
«Что я должен делать, чтобы избежать опасности сердечно-сосудистых заболеваний?» - узнаёт больной.
«Вы должны регулярно посещать кардиолога», - говорит врач.
«Мне нужна профилактика?» - спрашивает пациент.
«Да, я разрабатываю для Вас эффективную профилактическую программу», - объясняет доктор.
«Для чего нужна профилактическая программа?» - спрашивает больной.
«Профилактика не даёт развиваться недугу», - отвечает врач.
«Спасибо, доктор. Я стану внимательнее к своему здоровью. До свидания», - говорит мужчина.
«Приходите на приём через три дня. К этому времени я успею разработать для Вас программу. Всего хорошего, не болейте», - говорит врач.

and the amount of physical activity.
"Do I need a special diet?" asks the patient.
"Yes, you need to put together a diet, and a schedule of physical activity," the doctor says.
"Can I play sports?" asks the patient.
"Yes, you should play sports. Your cardiovascular system is weakened because of low physical activity," explains the doctor.
"Are you taking any medications?" asks the doctor.
"Yes, I take sedatives and allergy medications," the patient says.
"Who prescribes you these medications?" asks cardiologist.
"I buy them at the pharmacy myself," the patient responds.
"You are making a mistake. You are putting yourself at risk. This can damage your health," the doctor says.
"What should I do to avoid the risk of cardiovascular disease?" the patient wants to know.
"You should visit the cardiologist on a regular basis," the doctor says.
"Do I need preventative treatment?" asks the patient.
"Yes, I am developing an effective preventative program for you," explains the doctor.
"What is the purpose of the preventative program?" asks the patient.
"Preventative treatment doesn't let illness develop," replies the physician.
"Thank you, doctor. I will be more attentive to my health. Goodbye," says the man.
"Make an appointment for a visit in three days. By this time, I will be able to develop a program for you. All the best, be well," the doctor says.

C

Вопросы к тексту	***Questions about the text***

1. Где находится кабинет кардиолога?
2. Что беспокоит больного?
3. Сколько ему лет?
4. Что берёт кардиолог?
5. Чем измеряют артериальное давление?
6. Какие у него хронические заболевания?
7. Что опасно при болезнях сердца?
8. Какую диагностику нужно пройти?
9. Для чего нужно делать ЭКГ?
10. Что показывает ЭхоКГ?
11. С чем связано высокое давление?
12. Какие лекарства пациент сейчас принимает?
13. Что разрабатывает доктор?
14. Для чего нужна профилактическая программа?

1. Where is the cardiologist's office?
2. What troubles the patient?
3. How old is he?
4. What does cardiologist take?
5. What is used to measure blood pressure?
6. What are his chronic illnesses?
7. What is dangerous with heart disease?
8. What diagnostic tests does he have to undergo?
9. What is the purpose of an ECG?
10. What does the echocardiogram show?
11. What conditions are related to high blood pressure?
12. What medications is the patient taking now?
13. What does the doctor develop?
14. What is the purpose of the preventative program?

D

Conjunctions

Conjuctions и *(and)*, или *(or)*, но *(but)* join words or independent clauses that are grammatically equal or similar. These conjunctions show that the elements they join are similar in importance and structure:

Евгений разговаривает на русском и английском языках. *Yevgeny speaks Russian and English.*

Я родилась в Донецке, но учусь я в Симферополе. *I was born in Donetsk, but I study in Simferopol.*

Он живёт в своём доме или квартире? *Does he live in his own house or flat?*

When a conjunction joins independent clauses, it is always correct to place a comma before the conjunction:

Я люблю смотреть пьесы в театре, но я обычно смотрю фильмы дома. *I like watching plays in the theatre, however I usually watch films at home.*

However, if the independent clauses are short and well-balanced, a comma is not really essential:

На выходных мы с мужем ходим в кафе или в гости к друзьям. *My husband and I go to a café or visit our friends at weekends.*

When "and" is used with the last word of a list, a comma is omitted:

Я зн_а_ю так_и_х худ_о_жников как Пик_а_ссо, Ван Гог, Ш_и_шкин и Айваз_о_вский. *I know painters Picasso, Van Gogh, Shishkin and Aivazovsky.*

Conjunctions and comma

When a conjunction joins independent clauses, it is always correct to place a comma before the conjunction:

Я любл_ю_ смотр_е_ть пь_е_сы в те_а_тре, но я об_ы_чно смотр_ю_ ф_и_льмы д_о_ма. *I like watching plays in the theatre, however I usually watch films at home.*

However, if the independent clauses are short and well-balanced, a comma is not really essential:

На выходн_ы_х мы с м_у_жем х_о_дим в каф_е_ или в г_о_сти к друзь_я_м. *My husband and I go to a café or visit our friends at weekends.*

When "and" is used with the last word of a list, a comma is omitted:

Я зн_а_ю так_и_х худ_о_жников как Пик_а_ссо, Ван Гог, Ш_и_шкин и Айваз_о_вский. *I know painters Picasso, Van Gogh, Shishkin and Aivazovsky.*

10

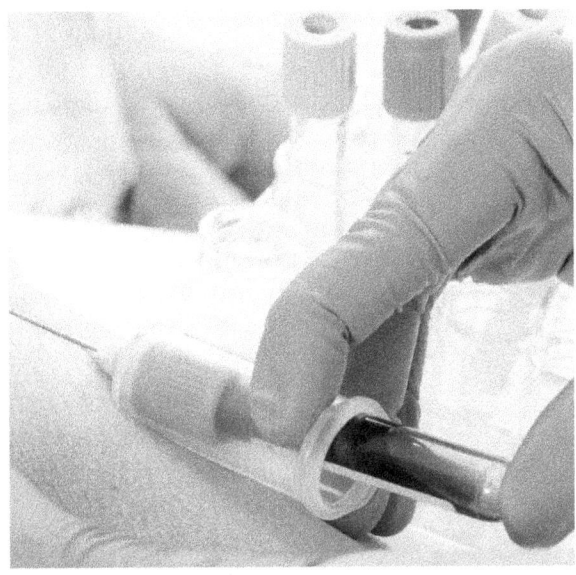

Вам нужно сделать несколько тестов
You need to do some tests

Слова

1. ап_а_тия - apathy
2. б_е_з - without
3. вве_де_ние - application
4. в_е_с - wight
5. в_е_сь - all
6. вещест_о_ - substance
7. вним_а_ние - attention
8. внимательный - attentive, careful
9. внутрив_е_нный - intravenous
10. в_о_ - in
11. в_о_время - during
12. впервы_е_ - first
13. врач-эндокринолог - endocrinologist
14. выл_е_чивать - to cure
15. горм_о_н - hormone
16. горм_о_нальный - hormonal
17. дав_а_ть - to give
18. д_е_лать - to do
19. дефиц_и_т - shortfall, deficiency
20. диаб_е_т - diabetes
21. зав_и_сеть - to depend
22. звон_и_ть - to call, to ring
23. изб_ы_точный - excessive
24. исп_ы_тывать - to experience
25. как_о_й-либо - any
26. кт_о_-то - anyone
27. легк_о_ - easy
28. люб_о_й - any
29. нагр_у_зка - strain
30. нал_и_чие - existence
31. напр_а_вить - to refer
32. напряж_е_ние - tension
33. наруш_е_ние - disruption, imbalance
34. нар_у_шенный - disrupted
35. настро_е_ние - mood
36. наш - ours

37. недостаток - deficiency
38. несложный - not complicated
39. нехватка - lack, deficiency
40. неэффективный - ineffective
41. никто - no one
42. обмен - metabolism
43. обнаруживать - to discover
44. обратиться - to turn to
45. огорчаться - to be disappointed
46. одно - only
47. оказываться - to turn out
48. определённый - certain
49. отношение - relation
50. первичный - initial
51. переживать - to worry
52. перепад - swing
53. полностью - completely
54. получение - receipt
55. последовательность - order
56. потому - because
57. почему - why
58. предполагать - to assume
59. приводить - to lead
60. происходить - to happen
61. пропускать - to miss
62. проходить - to go in
63. раздражаться - to be irritated
64. раньше - earlier
65. расспрашивать - to ask
66. расширенный - extended
67. родственник - relative
68. сахар - sugar
69. сахарный - relating to sugar
70. сдавать - to give, to undergo
71. сильно - very, strong
72. слабый - weak
73. снова - again
74. страдать - to suffer
75. так - so
76. требовать - to demand
77. улучшение - improvement
78. утомляться - to get tired
79. частый - frequent
80. щитовидный - thyroid
81. эндокринолог - endocrinologist
82. этап - stage

B

В здание больницы заходит женщина. Она идёт в регистратуру.
«Здравствуйте, мне нужен врач-эндокринолог», - говорит женщина.
«Пройдите на третий этаж. Вы по записи?» - уточняют в регистратуре.
«Да, я по записи. Я звонила в регистратуру», - объясняет она.
«На какое время Вы записаны?» - спрашивают в регистратуре.
«Я записана на три часа», - говорит женщина.
«Вот Ваша карточка. Вы идёте на приём впервые?» - уточняет работник регистратуры.
«Да, я впервые иду на приём к эндокринологу», - объясняет женщина.
Женщина берёт медицинскую карточку и

A woman comes into the hospital building. She goes to registration.
"Hello, I'm looking for an endocrinologist," the woman says.
"Go to the third floor. Do you have an appointment?" they ask at registration.
"Yes, I have an appointment. I've called registration," she explains.
"What time is your appointment?" they ask at registration.
"I have an appointment for three o'clock," the woman says.
"Here is your medical record. Is this your first appointment?" asks the registration worker.
"Yes, this is my first appointment with the endocrinologist," explains the woman.
The woman takes her medical record and

идёт на приём.

«Кто Вас направил?» - спрашивает врач.

«Меня направил терапевт», - отвечает пациентка.

Врач уточняет состояние пациентки.

«Что Вас беспокоит?» - спрашивает врач.

«Меня беспокоят частые перепады настроения», - объясняет больная.

«Вы часто испытываете такие состояния?» - уточняет эндокринолог.

«Нет, такого раньше не было. Я легко раздражаюсь, огорчаюсь», - жалуется женщина.

«Вы ещё замечаете какие-либо изменения в организме?» - уточняет врач.

«У меня стали слабые ногти и волосы», - продолжает она.

«Для диагноза этих симптомов недостаточно. Вам нужно сдать анализы», - говорит врач.

«Ещё я всё время хочу пить и ощущаю сухость во рту», - добавляет она.

«Возможно, у Вас повышен уровень сахара в крови», - предполагает эндокринолог.

Врач продолжает изучать состояние больной.

«Я должна измерить Ваше артериальное давление», - продолжает доктор.

«Обычно у меня нормальное давление», - рассказывает пациентка.

«Сейчас у Вас пониженное артериальное давление. Вы чувствуете слабость?» - уточняет доктор.

«Да, мне трудно работать. Я сильно утомляюсь. Я чувствую апатию», - жалуется больная.

Врач делает / проводит первичное обследование. Она выписывает направление на анализы.

«Я выписываю Вам направление на анализы», - говорит врач.

«Какие анализы я должна сделать / сдать?» - уточняет больная.

«Вы должны проверить уровень гормонов»,

goes to the doctor's office

"Who referred you?" asks the doctor.

"I was referred by a physician," the patient responds..

The doctor is checking the patient's condition.

"What troubles you?" asks the doctor.

"I am troubled by frequent mood swings," explains the patient.

"Do you often experience such states?" asks the endocrinologist.

"No, I didn't used to experience that. I am easily irritated, disappointed," complains the woman.

"Do you notice any other changes in your body?" asks the doctor.

"My nails and hair have became weak," she continues.

"These symptoms are not enough to make a diagnosis. You need to do some tests," the doctor says.

"I am thirsty all the time and have a dry mouth," she adds.

"You may have high blood sugar," suggests the endocrinologist.

The doctor continues to study the patient's condition.

"I have to measure your blood pressure," continues the doctor.

"I usually have normal blood pressure," says the patient.

"Now you have low blood pressure. Do you feel weak?" asks the doctor.

"Yes, I find it hard to work. I get very tired. I feel apathetic," the patient complains.

The doctor makes an initial examination. She writes a referral for tests.

"I am writing a referral for some tests," the doctor says.

"Which tests should I do?" asks the patient.

"You need to check your hormone levels," explains the endocrinologist.

- объясняет эндокринолог.
«Это дорогие анализы?» - спрашивает пациентка.
«Да, но у Вас хорошая страховка», - уточняет доктор.
Врач объясняет пациентке диагноз её заболевания.
«У Вас, наверное, произошло гормональное нарушение», - говорит она.
«Это нарушение серьёзное?» - беспокоится больная.
«Нет, Вы вовремя обратились к врачу. Мы можем привести уровень гормонов в норму», - успокаивает врач.
«Что это значит?» - уточняет женщина.
«У Вас недостаток определённого гормона. Его дефицит приводит к ощущению слабости, плохому настроению», - объясняет врач.
«Почему это так важно?» - спрашивает пациентка.
«Потому что работа организма полностью зависит от уровня гормонов», - снова объясняет врач.
Врач даёт рекомендации. Объясняет последовательность этапов лечения.
«Вам нужно сдать общий и расширенный анализ крови», - говорит врач.
«Вы можете назначить мне лекарства без анализов?» - интересуется пациентка.
«Конечно, нет. Только анализ крови обнаруживает наличие заболевания», - говорит эндокринолог.
«Это может быть сахарный диабет?» - беспокоится женщина.
«У Вас может быть нарушен обмен веществ, заболевание щитовидной железы или сахарный диабет», - объясняет доктор.
Врач продолжает уточнять анамнез.
«Сколько Вам лет?» - спрашивает она.
«Мне тридцать восемь лет», - говорит женщина.
«Кто-то из Ваших родственников болеет диабетом?» - уточняет доктор.

"Are the tests expensive?" asks the patient.
"Yes, but you have good insurance," says the doctor.
The doctor explains the diagnosis to the patient.
"You probably have a hormonal imbalance," she says.
"Is this imbalance serious?" worries the patient.
"No, you came to see the doctor in time. We can bring the hormone levels back to normal," soothes the doctor.
"What does this mean?" asks the woman.
"You have a deficiency of a certain hormone. Its shortfall leads to a feeling of weakness, a bad mood," explains the doctor.
"Why is it so important?" asks the patient.
"Because the body's functioning is completely dependent on hormone levels," the doctor explains again.
The doctor gives her recommendations. The doctor explains the sequence of the treatment stages.
"You need to do general and extended blood tests," the doctor says.
"Can you prescribe me medication without the test?" inquires the patient.
"Of course not. Only a blood test can determine the presence of an illness," says endocrinologist.
"Could this be diabetes?" worries the woman.
"You may have a disrupted metabolism, thyroid disease, or adult diabetes," explains the doctor.
The doctor continues to study the details of the patient's history.
"How old are you?" she asks.
"I'm thirty-eight years old," says the woman.
"Does anyone in your family suffer from

«Нет, в нашей семье никто не болеет диабетом», - говорит пациентка.
«Кто-то из Ваших родственников страдает избыточным весом?» - расспрашивает врач.
«Нет, у нас никто не страдает избыточным весом», - отвечает больная.
После получения результатов анализов врач консультирует пациентку.
«Не переживайте. Результаты анализа показали нехватку определённого гормона», - говорит она.
«Доктор, чем это вызвано?» - спрашивает больная.
«Возможно, это вызвано нервным напряжением (нагрузками)», - отвечает врач.
«Это можно вылечить?» - беспокоится женщина.
«Конечно. Вы вовремя обратились за лечением», - успокаивает доктор.
Врач-эндокринолог обращает внимание на серьёзное отношение к лечению.
«Я должна предупредить - лечение несложное, но требует внимательного и серьёзного отношения», - замечает доктор.
«Что значит серьёзного отношения?» - уточняет пациентка.
«Вы не должны пропускать приём препаратов», - говорит врач.
«Я могу принимать их в любое время?» - спрашивает больная.
«Нет, Вы должны принимать препараты в одно и то же время», - объясняет врач.
«Этот режим длится весь курс лечения?» - уточняет женщина.
«Да, весь курс лечения препараты принимаются в одно и то же время», - говорит доктор.
«Когда я должна заметить улучшение состояния?» - спрашивает пациентка.
«Улучшение состояния должно быть через неделю. Если таблетки оказываются неэффективны, я назначаю внутривенное введение препарата», - говорит эндокринолог.

diabetes?" asks the doctor.
"No, no one in our family has diabetes," says the patient.
"Is anyone in your family overweight?" asks the doctor.
"No, none of us are overweight," replies the patient.
After receiving the test results, the doctor advises the patient.
"Do not worry. The test results revealed the deficiency of a certain hormone," she says.
"Doctor, what caused it?" asks the patient.
"This may be caused by nervous tension (stress)," replies the physician.
"Can it be cured?" worries the woman.
"Of course. You came in for treatment just in time," soothes doctor.
The endocrinologist draws the patient's attention to having a serious attitude toward her treatment.
"I must warn you, the treatment is not complicated, but it requires a careful and serious attitude," says the doctor.
"What does it mean, a serious attitude?" asks the patient.
"You should not forget to take your medication," the doctor says.
"Can I take them at any time?" asks the patient.
"No, you have to take the medications at the same time," the doctor explains.
"Does this regimen last for the entire course of treatment?" asks the woman.
"Yes, the medications are taken at the same time for the entire course of the treatment," the doctor says.
"When would I notice some improvement?" asks the patient.
"Your condition should improve in a week. If the pills are ineffective, I prescribe an intravenous application of the medication," says the endocrinologist.

C

Вопросы к тексту | *Questions about the text*

1. В какой раз идёт на приём к эндокринологу женщина?
2. Что берёт женщина?
3. Кто её направил?
4. Что беспокоит пациентку?
5. Какое давление обычно у пациентки?
6. Какие анализы она должна сделать / сдать?
7. Какое нарушение произошло у пациентки?
8. К чему приводит дефицит определённого гормона?
9. От чего зависит работа организма?
10. Сколько лет пациентке?
11. Что показали результаты анализа?
12. Чего требует лечение?
13. В какое время пациентка должна принимать препараты?
14. Когда должно быть улучшение состояния?

1. How many appointments has the woman had with an endocrinologist?
2. What does the woman take?
3. Who referred her?
4. What troubles the patient?
5. What is the patient's usual blood pressure?
6. Which tests should she do?
7. What kind of imbalance does the patient have?
8. What is the result of the deficiency of a certain hormone?
9. What does the functioning of the body depend upon?
10. How old is the patient?
11. What did the test results show?
12. What does the treatment require?
13. When should the patient take the medication?
14. When would she see an improvement?

D

Числительные *(Numerals)*

Cardinal masc./fem. / Ordinal masc./fem. / Example

1 - один/одна / первый/первая / У меня один брат и одна сестра. *I have a brother and a sister.*
2 - два/две / второй/вторая / У меня два брата и две сестры.
3 - три / третий/третья / У меня три брата и три сестры.
4 - четыре / четвёртый/четвёртая / У меня четыре брата и четыре сестры.
5 - пять / пятый/пятая / У меня пять братьев и пять сестёр.
6 - шесть / шестой/шестая / У меня шесть братьев и шесть сестёр.
7 - семь / седьмой/седьмая / У меня семь братьев и семь сестёр.
8 - восемь / восьмой/восьмая / У меня восемь братьев и восемь сестёр.
9 - девять / девятый/девятая / У меня девять братьев и девять сестёр.
10 - десять / десятый/десятая / У меня десять братьев и десять сестёр.

Dative case of pronouns

Nominative (Именительный) / Dative (Дательный) / Example (Пример)
Я / Мне / Дайте мне банан, пожалуйста. *Give me a banana, please.*
Мы / Нам / Дайте нам бананы, пожалуйста. *Give us some bananas, please.*

Ты / Теб_е_ / Вот теб_е_ бан_а_н, пож_а_луйста. *Here is a banana for you, please.*
Вы/вы / Вам/вам / Вот Вам/вам бан_а_ны, пож_а_луйста. *Here are some bananas for you, please.*
Он / Ем_у_ / Дайте ем_у_ бан_а_н, пож_а_луйста. *Give him a banana, please.*
Он_а_ / Ей / Дайте ей бан_а_н, пож_а_луйста. *Give her a banana, please.*
Он_о_ / Ем_у_ / Дайте ем_у_ бан_а_н, пож_а_луйста. *Give it a banana, please.*
Он_и_ / Им / Дайте им бан_а_ны, пож_а_луйста. *Give them some bananas, please.*

11

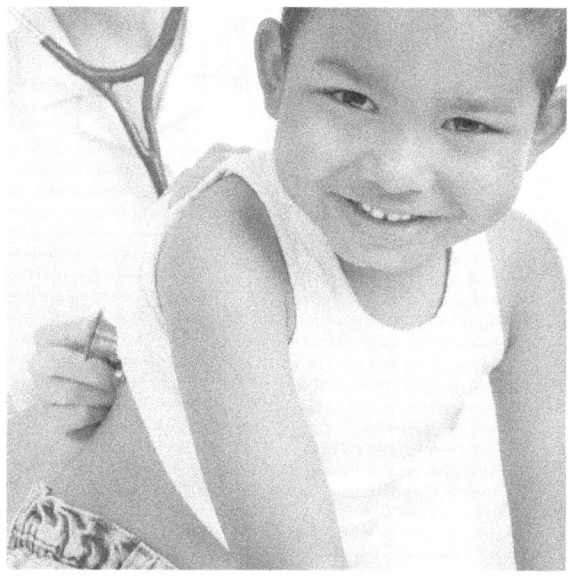

Вы можете выписать мне больничный?
Can you write me a note for sick leave?

Слова

1. активный - active
2. бабушка - grandmother
3. безвредный - harmless
4. болевой - related to pain
5. больше - more
6. брать - to take
7. врач-невропатолог - neurologist
8. выходить - to come out
9. выяснять - to clarify, make clear
10. головной - head
11. головокружение - dizziness
12. допплерография - Doppler ultrasound
13. жизнь - life
14. забывать - to forget
15. занимать - to take
16. зрачок - pupil
17. исследовать - to examine
18. клинический - clinical
19. кружиться - to spin
20. кто-либо - anyone
21. магнитно-резонансный - magnetic resonance
22. мануальный - manual
23. метод - method, technique
24. мигрень - migraine
25. молоточек - mallet
26. МРТ (магнитно-резонансная томография) - MRT (magnetic resonance tomography)
27. мягкий - soft
28. намного - much
29. неврологический - neurological
30. недорогой - inexpensive
31. нельзя - impossible

32. необходимо - necessary
33. никогда - never
34. облегчать - to ameliorate
35. образ - style
36. озонотерапия - ozone therapy
37. перкуссионный - relating to percussion
38. перкуссия - percussion
39. плакать - to cry
40. плохой - bad
41. поверхностный - surface
42. подобный - such, similar
43. полгода - six months, half a year
44. получать - to receive
45. попадать - to hit (a mark)
46. прописывать - to prescribe
47. просыпаться - to wake up
48. развитие - development
49. раздражительный - irritable
50. расстраиваться - to get upset
51. рефлекс - reflex
52. свежий - new
53. серьёзный - serious
54. случаться - to happen
55. сначала - at the beginning
56. совершенно - completely
57. современный - modern, contemporary
58. сосуд - vessel
59. спать - to sleep
60. стабилизировать - to stabilize
61. ставить - to make
62. терять - to lose
63. течение - flow
64. томография - tomography
65. точный - accurate
66. тошнота - nausea
67. УЗДГ (ультразвуковая допплерография) - Doppler ultrasound
68. успокаиваться - to calm down, relax
69. фонарик-ручка - flashlight pen
70. ЦНС (центральная нервная система) - CNS (central nervous system)
71. что-то - something
72. чувствительность - sensitivity
73. шум - noise
74. эффект - effect

B

«Здравствуйте, я на приём к невропатологу», - говорит женщина.
«Занимайте очередь. Вас вызовут», - отвечает медсестра.
«Я успею попасть на приём?» - спрашивает она.
«Не беспокойтесь. Врач примет всех больных», - говорит медсестра.
Медсестра выходит из кабинета и вызывает пациентов.
«Ваша очередь. Проходите в кабинет», - говорит она.
«Здравствуйте, доктор. Я плохо себя чувствую», - говорит женщина.
«Что вас беспокоит?» - уточняет врач.
«У меня кружится и болит голова. Бывает тошнота», - жалуется женщина.

"Hello, I am here to see a neurologist," the woman says.
"Please get in line. They will call you," replies the nurse.
"Will I have time to see the doctor?" she asks.
"Do not worry, the doctor will see all the patients," the nurse says.
A nurse comes out of the office and calls in patients.
"You are next in line. Come into the office," she says.
"Hello, doctor. I don't feel well," the woman says.
"What troubles you?" asks the doctor.
"I have a headache and dizziness. Sometimes I also have nausea," complains the

«Как часто у Вас бывают головокружения?» - спрашивает врач.
«Головокружения бывают часто в течение дня», - говорит пациентка.
Доктор читает записи в карточке и уточняет причины заболевания.
«У Вас были травмы головы?» - спрашивает он.
«Нет, у меня никогда не было травм головы», - отвечает пациентка.
«Вы хорошо спите?» - интересуется доктор.
«Нет, я плохо сплю, я часто просыпаюсь и долго не могу уснуть», - говорит больная.
«У Вас часто бывает плохое настроение?» - продолжает спрашивать доктор.
«Да, я сильно расстраиваюсь, мне хочется плакать. Я бываю очень раздражительна», - рассказывает женщина.
«Как давно Вас беспокоят мигрени?» - спрашивает доктор.
«Мигрень беспокоит меня, наверное, полгода», - отвечает пациентка.
«У Вас бывает шум в ушах?» - уточняет врач. «Да, шум в ушах бывает, но редко», - жалуется больная.
«Случается, что Вы совершенно что-то забываете?» - интересуется врач-невропатолог.
«Да, в последнее время я часто всё теряю», - жалуется пациентка.
«Кто-либо из Ваших родственников страдает мигренью?» - спрашивает доктор.
«Да, у моей бабушки были сильные головные боли», - рассказывает пациентка.
Доктор проводит осмотр. Он должен поставить диагноз.
«Сейчас я должен провести осмотр. Подайте мне инструменты», - просит он медсестру.
Врач берёт перкуссионный молоточек. Он проверяет рефлексы и перкуссию.
«Рефлексы в норме. Болевая чувствительность повышена», - говорит врач.
Врач-невропатолог берёт офтальмоскоп и

woman.
"How often do you have dizziness?" asks the doctor.
"I often feel dizzy during the day," says the patient.
The doctor reads the entries in the medical record and looks for the precise cause.
"Have you ever had a head injury?" he asks.
"No, I have never had a head injury," the patient replies.
"Do you sleep well?" asks the doctor.
"No, I do not sleep well, I often wake up and cannot sleep for a long time," says the patient.
"Are you often in a bad mood?" the doctor goes on to ask.
"Yes, I get very upset, and I want to cry. I am very irritable sometimes," the woman says.
"How long have you had migraines?" asks the doctor.
"I've had migraines for about six months," the patient replies.
"Do you sometimes have a ringing in your ears?" asks the doctor.
"Yes, I sometimes have ringing in my ears, but not often," the patient complains.
"Do you sometimes completely forget something?" inquires the neurologist.
"Yes, I've been losing everything lately," the patient complains.
"Does anyone in your family have migraines?" asks the doctor.
"Yes, my grandmother had severe headaches," says the patient.
The doctor conducts an examination. He needs to establish a diagnosis.
"Now I have to conducts an examination. Hand me the instruments," he asks the nurse.
The doctor takes a percussion mallet. He checks the reflexes and the response to percussion.

фонарик-ручку. Он продолжает неврологический осмотр.
«У Вас расширены зрачки. Вы должны успокоиться. Всё хорошо», - объясняет врач.
«Подайте мне молоточек Тэйлора. Я хочу исследовать поверхностную чувствительность», - просит он медсестру.
«Я не могу поставить точный диагноз без дополнительного обследования», - продолжает врач.
«Я должна пройти обследование?» - беспокоится пациентка.
«Да, я назначаю Вам комплексное обследование. Вы должны сделать общий клинический анализ крови и ультразвуковую допплерографию (УЗДГ) сосудов головы и шеи», - объясняет врач.
«Это дорогое обследование?» - интересуется пациентка.
«Нет, оно недорогое. Но Вы должны записаться на него заранее», - уточняет доктор.
«Через три дня после УЗДГ Вы должны сделать магнитно-резонансную томографию головного мозга (МРТ). Это обследование дорогое», - продолжает объяснять врач.
«Оно мне необходимо?» - выясняет женщина.
«Да, оно Вам необходимо. Современные методы диагностики центральной нервной системы (ЦНС) позволяют вовремя предупредить развитие серьёзных заболеваний», - объясняет врач-невропатолог.
Врач ставит диагноз. Он выписывает рецепт.
«На время обследования я прописываю Вам препараты», - говорит он.
«Я могу принимать их уже сегодня?» - уточняет больная.
«Да, они безвредны. Они облегчают и стабилизируют состояние», - объясняет доктор.
Врач рассказывает о дополнительных методах терапии.
«Для лучшего эффекта я назначаю Вам современный метод лечения - озонотерапию»,

"The reflexes are normal. There is an increased sensitivity to pain," the doctor says. The neurologist takes an ophthalmoscope and a flashlight pen. He continues the neurological examination.
"You have dilated pupils. You have to calm down. Everything looks good," explains the doctor.
"Give me the Taylor mallet. I want to check surface sensitivity," he asks the nurse.
"I cannot make an accurate diagnosis without further examination," the doctor continues.
"Do I need to undergo an examination?" worries the patient.
"Yes, I prescribe you a comprehensive examination. You have to do a general clinical blood test and a Doppler ultrasound of the head and neck blood vessels," explains the doctor.
"Is it an expensive examination?" inquires the patient.
"No, it isn't expensive. But you should make an appointment in advance," says the doctor.
"Three days after the Doppler ultrasound, you have to do a magnetic resonance tomography of the brain (MRT). This test is expensive," the doctor goes on to explain.
"Is it necessary?" the woman wants to make clear.
"Yes, it is necessary. Modern methods of diagnosis of the central nervous system (CNS) give us timely warning about the development of serious illnesses," explains the neurologist.
The doctor makes his diagnoses. He writes a prescription.
"Can I start taking them today?" asks the patient.
"Yes, they are harmless. They ameliorate and stabilize the condition," says the doctor. The doctor talks about additional therapeutic methods.

- говорит он.
«Мне может помочь мануальная терапия?» - интересуется женщина.
«Я думаю, Вам стоит назначить мягкую мануальную терапию», - говорит врач.
«Я должна сначала получить результаты обследования?» - уточняет пациентка.
«Да, сначала получите результаты. Без них терапию начинать нельзя», - объясняет невропатолог.
Пациентка беспокоится о своём состоянии.
«Доктор, я смогу выздороветь?» - спрашивает она.
«Конечно, физиотерапия и современные методы очень хорошо помогают при подобных нарушениях», - отвечает доктор.
«Вы можете выписать мне больничный?» - просит женщина.
«Да. Так будет для Вас намного лучше. Принимайте лекарства, больше бывайте на свежем воздухе и ведите активный образ жизни. До свидания», - говорит врач.
«Спасибо большое. До свидания», - говорит женщина.

"For the best results, I prescribe you a modern method of treatment—ozone therapy," he says.
"Can manual therapy help me?" the woman inquires.
"I think that you might benefit from soft manual therapy," the doctor says.
"Do I need to get the test results first?" asks the patient.
"Yes, first get the results. Without them, it is impossible to start therapy," explains the neurologist.
The patient is worries about her condition.
"Doctor, will I recover?" she asks.
"Of course, physiotherapy and modern treatment techniques are very effective for such disorders," replies the doctor.
"Can you write me a note for sick leave?" asks the woman.
"Yes. It will be much better for you. Take the medications, spend more time outdoors, and lead an active lifestyle. Goodbye," the doctor says.
"Thank you very much. Goodbye," says the woman.

Вопросы к тексту

1. Что беспокоит женщину?
2. Когда у неё бывают головокружения?
3. У неё были травмы головы?
4. Мигрени давно беспокоят пациентку?
5. У неё часто бывает шум в ушах?
6. Кто из родственников страдает мигренью?
7. Что берёт врач?
8. Что проверяет врач?
9. Для чего нужен молоточек Тейлора?
10. Что должна сделать пациентка через три дня после УЗДГ?
11. Что позволяют современные методы

Questions about the text

1. What troubles the woman?
2. When does she have dizziness?
3. Has she had a head injury?
4. Has the patient had migraines for long?
5. Does she have ringing in her ears often?
6. Which of her relatives has migraines?
7. What does the doctor take?
8. What does the doctor examine?
9. What is the purpose of a Taylor mallet?
10. What should the patient do three days after the Doppler ultrasound?
11. What do the modern methods of diagnosis of the CNS make possible?

диагностики ЦНС?
12. Для чего врач назначает озонотерапию?
13. Какую мануальную терапию назначает врач?
14. Что помогает при подобных нарушениях?

12. Why does the doctor prescribe ozone therapy?
13. What kind of manual therapy does the doctor prescribe?
14. What helps with such disorders?

 **D**

Conjugation of the verb Хотеть

Infinitive: хотеть *(want)*
Я хочу *(I want)*
Ты хочешь *(you want)*
Он, она, оно хочет *(he, she, it wants)*
Мы хотим *(we want)*
Вы/вы хотите *(you want)*
Они хотят *(they want)*
Например:
- Ты хочешь пойти в библиотеку? *Do you want to go to the library?*
- Нет, мой друг и я хотим пойти в кино. *No, my friend and I want to go to the cinema.*

Adverbs

Adverbs of place and direction have no special adverbial suffix. They do not change their form for gender, number, and case, i.e. they are invariable.

Adverbs of place Где? *Where?*

Здесь, тут *(here)*, там *(there)*, дома *(at home)*, далеко *(far away)*, внизу *(below)*, вверху *(above, upstairs)*, сзади *(behind)*, слева *(on the left)*, справа *(on the right)*, впереди *(ahead)*.

Adverbs of direction Куда? *Where to?*

Сюда *(here)*, туда *(there, that way)*, домой *(home)*, далеко *(far away)*, вниз *(down)*, вверх/наверх *(up)*, назад *(back)*, налево *(to the left)*, направо *(to the right)*, вперёд *(ahead)*.
Например:
Я здесь. Иди сюда. *(I am here. Come here.)*
Она там. Иди туда. *(She is there. Go there.)*
Он дома. Иди домой. *(He is at home. Go home.)*
Они внизу. Идите вниз. *(They are below. Go down.)*
Мы наверху. Идите наверх. *(We are upstairs. Go upstairs.)*
Я сзади. Иди назад. *(I am behind. Come behind.)*

12

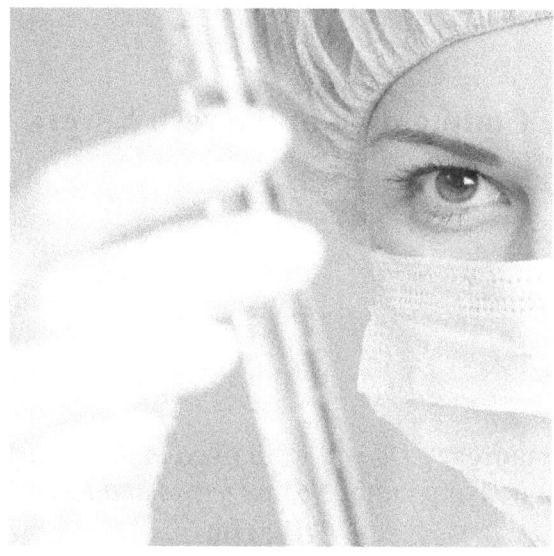

Могут быть серьёзные осложнения
There can be serious complications

A

Слова

1. аспиратор - aspirator
2. болезненный - painful
3. вводить - to insert
4. внизу - below
5. врач-уролог - urologist
6. встречать - to meet
7. выведение - bringing out, taking out
8. выводить - to bring out, to take out
9. выздоровление - recovery
10. гарантировать - guarantee
11. готовиться - to prepare
12. дальнейший - further
13. дробить - to crush
14. иначе - otherwise
15. исследование - examination
16. камень - stone
17. катетер - catheter
18. кому - to who, whom
19. легче - better
20. лечебный - medicinal
21. литотриптор - lithotripter
22. манипуляция - manipulation
23. медикаментозный - relating to pharmacotherapy
24. месяц - month
25. мочеиспускание - urination
26. мочекаменный - urolithiasis
27. напоминать - to remind
28. наружу - outside
29. неприятный - unpleasant
30. несколько - several
31. норма - norm
32. область - area
33. около - near
34. окончатый - fenestrated
35. осколок - fragment

36. ослабленный - weakened
37. осматривать - to examine
38. передавать - to give
39. переохлаждение - hypothermia
40. перерастать - to develop, grow into
41. песок - sand
42. пиелонефрит - pyelonephritis
43. пятнадцать - fifteen
44. раствор - solution
45. самолечение - self-treatment (without medical care)
46. следующий - following
47. страшный - terrible, frightening
48. тем - that
49. теперь - now
50. удалять - to remove
51. уретра - urethrae
52. уретроцистоскоп - urethral cystoscope
53. уролог - urologist
54. урологический - urological
55. форма - form
56. центр - center
57. цистит - cystitis
58. цистоскоп - cystoscope
59. эвакуатор - evacuator
60. эндоскопический - endoscopic
61. явление - phenomenon

В

Мужчина заходит в здание медицинского центра.
«Здравствуйте, я записан на приём к урологу. Он ещё принимает?» - уточняет он.
«На какое время Вы записаны?» - спрашивает медсестра.
«Я записан на четыре часа», - отвечает мужчина.
«Он ждёт Вас. Проходите», - говорит она.
В кабинете пациента встречает доктор.
«Когда Вы были на приёме у уролога последний раз?» - спрашивает врач.
«Больше года назад», - отвечает мужчина.
«Где Ваша карточка?» - уточняет врач.
«Карточка у меня. Возьмите», - мужчина подаёт карточку доктору.
Врач берёт карточку и уточняет симптомы.
«Что Вас беспокоит?» - спрашивает он.
«У меня появились боли при мочеиспускании и неприятные ощущения внизу живота», - рассказывает пациент.
«Померяйте температуру. Вот градусник», - говорит врач.
«Доктор, возьмите градусник», - пациент передаёт градусник доктору.
«У Вас тридцать семь и четыре. Это признак воспалительного процесса», - говорит

A man walks into a medical center.
"Hello, I have an appointment with an urologist. Is he still seeing patients?" he asks.
"What time is your appointment?" asks the nurse.
"I have an appointment for four o'clock," replies the man.
"He is expecting you. Go on in," she says.
The doctor meets the patient in the office.
"When was your last appointment with an urologist?" the doctor asks.
"Over a year ago," replies the man.
"Where is your medical record?" asks the doctor.
"I have the medical record. Here," the man gives his record to the doctor.
The doctor takes the card and checks the symptoms.
"What troubles you?" he asks.
"It has become painful to urinate, and I have discomfort in my lower stomach," says the patient.
"Take your temperature. Here is a thermometer," says the doctor.
"Doctor, here, take the thermometer," the patient gives the doctor the thermometer.

он.
Уролог изучает анамнез.
«Когда у Вас начались боли?» - выясняет он.
«Боли начались около месяца назад», - говорит пациент.
«Вы должны были сразу обратиться к врачу», - говорит врач.
«Теперь могут быть осложнения?» - спрашивает больной.
«Это покажет УЗИ и анализы», - отвечает доктор.
Врач выписывает направление на УЗИ. Он даёт его больному.
«Вам необходимо сделать ультразвуковое исследование мочевого пузыря и УЗИ почек», - говорит врач.
«Где я могу это сделать?» - спрашивает мужчина.
«УЗИ проводится на втором этаже. Кроме того, Вам нужно сделать анализ уретры», - добавляет доктор.
«Это больно?» - беспокоится мужчина.
«Нет, это не больно. Точный диагноз урологического заболевания гарантирует выздоровление», - объясняет врач.
Пациент идёт делать УЗИ. Он приходит с результатами.
«Вы болели пиелонефритом?» - продолжает спрашивать врач.
«Да, у меня было воспаление почек. Но это было пятнадцать лет назад», - уточняет больной.
«Тем не менее, почки у Вас ослаблены. Вы болели в этом месяце простудой?» - спрашивает доктор.
«Да, у меня простуда была неделю назад», - отвечает больной.
Врач-уролог готовится к осмотру пациента с помощью инструментов.
«Я должен осмотреть вас с помощью уретроцистоскопа», - объясняет он.
«А что это покажет?» - интересуется пациент.

"Your temperature is thirty-seven point four. It is a sign of an inflammatory process," he says.
The urologist studies the patient's history.
"When did the pain start?" he asks to clarify.
"The pain started about a month ago," says the patient.
"You should have come to see the doctor right away," says the doctor.
"Could there be complications now?" asks the patient.
"An ultrasound and other tests will determine that," the doctor replies.
"The doctor writes a referral to perform the ultrasound. He gives it to the patient.
"You must undergo an ultrasound of the bladder and of the kidneys," the doctor says.
"Where can I have it done?" asks the man.
"The ultrasound is done on the second floor. In addition, you will need to do an examination of the urethra," the doctor adds.
"Is that painful?" the man worries.
"No, it isn't painful. A precise diagnosis of the urological illness guarantees a recovery," explains the doctor.
The patient goes to do an ultrasound. He comes back with the results.
"Have you had pyelonephritis?" the doctor goes on to ask.
"Yes, I had an inflammation of the kidneys. But that was fifteen years ago," clarifies the patient.
"Nevertheless, your kidneys are weakened. Did you have a cold this month?" asks the doctor.
"Yes, I had a cold a week ago," replies the patient.
The urologist prepares to examine the patient using instruments.
"I need to examine you using a urethral cystoscope," he explains.
"And what will it determine?" inquires the

«Эндоскопическое исследование покажет, нет ли воспалений в мочевом пузыре и уретре», - отвечает врач.
«Вы сразу проводите лечение?» - спрашивает больной.
«Нет, лечебные манипуляции мы проводим после всех анализов», - говорит доктор.
Врач рассматривает результаты УЗИ.
«Результаты УЗИ показывают наличие камней в почках», - говорит доктор.
«Это воспаление почек?» - беспокоится пациент.
«Нет, это мочекаменная болезнь. У Вас в почках камни и песок», - объясняет врач.
«Какие ещё анализы нужно сделать?» - спрашивает мужчина.
«Пока этого достаточно. Сейчас принесут результаты УЗИ мочевого пузыря», - добавляет врач.
«Я должен осмотреть мочевой пузырь с помощью цистоскопа», - говорит доктор.
«Доктор, всё нормально?» - уточняет пациент.
«Да, УЗИ и осмотр показывают, что мочевой пузырь в норме. Однако, переохлаждение привело к небольшому воспалению, циститу», - объясняет врач.
«Чем это опасно?» - спрашивает больной.
«Ничего страшного, с помощью катетера я введу в мочевой пузырь лекарственный раствор», - говорит доктор.
«Какое-то лечение ещё потребуется?» - уточняет пациент.
«Да, я выпишу Вам лекарственные препараты. При самолечении цистит перерастает в хроническую форму, появляются хронические боли в области таза», - объясняет доктор.
«Камни в почках очень неприятное и болезненное явление», - продолжает врач.
«Что нужно делать?» - уточняет больной.
«Их нужно срочно удалять. Иначе могут быть серьёзные осложнения», - объясняет доктор.

"An endoscopic examination will determine whether there is an inflammation in the bladder and the urethra," replies the doctor.
"Will you conduct a treatment right away?" asks the patient.
"No, we will conduct the treatment after all the tests," says the doctor.
The doctor examines the ultrasound results.
"The ultrasound results show the existence of kidney stones," says the doctor.
"Is that an inflammation of the kidneys?" worries the patient.
"No, that is urolithiasis. You have stones and sand in your kidneys," explains the doctor.
"What other tests do I need to do?" asks the man.
"For now these are enough. They will now bring the results of the bladder ultrasound," says the doctor.
"I need to examine the bladder using a cystoscope," says the doctor.
"Doctor, is everything OK?" asks the patient.
"Yes, the ultrasound and the examination show that the bladder is normal. However, hypothermia led to a slight inflammation, cystitis," explains the doctor.
"What are the dangers?" asks the patient.
"Nothing terrible. I will use a catheter to deliver a medical solution into the bladder," says the doctor.
"Will I need some other treatment?" asks the patient.
"Yes I will prescribe medications. Without medical treatment, cystitis develops into a chronic form with chronic pain in the pelvis," explains the doctor.
"Kidney stones are very unpleasant and painful," continues the doctor.
"What should I do?" asks the patient.
"They must be removed immediately. Otherwise there can be serious complications,"

«Вы будете их дробить?» - беспокоится пациент.
«Да, несколько камней необходимо подробить. Мы сделаем это с помощью литотриптора (окончатого)», - говорит доктор.
Врач выписывает рецепт.
«Для дальнейшего лечения и выведения песка из почек я прописываю Вам медикаментозное лечение», - говорит он.
«Что это значит?» - интересуется пациент.
«Это значит, что Вы должны пить много воды и принимать лекарственные препараты. Это помогает вывести песок из почек», - объясняет доктор.
«Как выводятся камни наружу?» - спрашивает больной.
«С помощью аспиратора и эвакуатора мы выводим осколки камней наружу», - рассказывает врач.
Врач назначает следующий приём с результатами всех анализов.
«Через неделю у Вас повторный приём», - напоминает он.
«Мне станет легче?» - беспокоится пациент.
«Конечно, Ваше состояние станет легче», - говорит доктор.
«Спасибо, доктор. До свидания», - говорит мужчина.
«До свидания. Выздоравливайте», - отвечает врач.

explains the doctor.
"Will you crush them?" worries the patient.
"Yes, we will have to crush some of the stones. We will do it using a lithotripter," says the doctor. The doctor writes a prescription.
"For further treatment and the removal of sand from the kidneys, I prescribe you pharmacotherapy," he says.
"What does that mean?" inquires the patient.
"It means that you will need to drink a lot of water and take medications. It helps get the sand out of the kidneys," explains the doctor.
"How do you get out the stones? Asks the patient.
"We use an aspirator and evacuator to get out the stone fragments, says the doctor.
The doctor sets a follow-up appointment to review all the test results.
"You have a follow-up visit in a week," he reminds him.
"Will I feel better?" worries the patient.
"Of course, your condition will improve," says the doctor.
"Thank you, doctor. Goodbye," says the man.
"Goodbye. Get well," replies the doctor.

Вопросы к тексту

1. Куда заходит мужчина?
2. К кому он записан на приём?
3. На какое время он записан?
4. Какие боли появились у пациента?
5. Когда начались боли?
6. Какое УЗИ необходимо сделать?
7. Когда у пациента было воспаление почек?

Questions about the text

1. Where does the man go?
2. With whom does he have an appointment?
3. When is his appointment?
4. What kind of pain is the patient experiencing?
5. When did the pain start?
6. What kind of ultrasound must he do?
7. When did the patient have an inflammation of

8. Когда у него была простуда?
9. Что показывают результаты УЗИ?
10. С помощью чего врач осматривает мочевой пузырь?
11. Зачем нужен катетер?
12. Что происходит при самолечении?
13. Зачем нужен литотриптор?
14. Что помогает вывести песок из почек?
15. Как выводятся камни наружу?

8. When did he have a cold?
9. What do the ultrasound results show?
10. What does the doctor use to examine the bladder?
11. What is the purpose of the catheter?
12. What happens without medical care?
13. What is the purpose of the lithotripter?
14. What helps get the sand out of the kidneys?
15. How do they get the stones out?

Days of week

Days of week are not capitalized in Russian, unless they occur in the beginning of a sentence. Note: a Russian week starts with Monday and ends with Sunday.

Понедельник *(Monday)* В понедельник мы идём на новую работу. *We go to new work on Monday.*

Вторник (Tuesday) Во вторник я купила красивое платье. *I bought a new dress on Tuesday.*

Среда (Wednesday) В среду у него выходной. *He has a day off on Wednesday.*

Четверг (Thursday) В четверг она работает до шести часов. *She works till 6 o'clock on Thursday.*

Пятница (Friday) В пятницу мы пьём пиво. *We drink beer on Friday.*

Суббота (Saturday) Каждую субботу они едут в Крым. *They go to Crimea every Saturday.*

Воскресенье (Sunday) В воскресенье мы смотрели новый фильм. *We watched a new film on Sunday.*

13

Что с моей рукой?
What's wrong with my arm?

A

Слова

1. аккуратный - careful
2. варикозный - varicose
3. включать - to include
4. возвращаться - to return
5. вскрикнуть - to scream
6. выдать - to give
7. выходить - to go out
8. двигать - to move
9. же - right (now)
10. загипсовать - to cast
11. зажим - clamp
12. закрытый - closed
13. защитный - protective
14. исключение - ruling out
15. кальций - calcium
16. комната - room
17. конечность - extremity, limb
18. кровоток - blood flow
19. лаборатория - laboratory
20. лимфоузел - lymph node
21. ложиться - lie down
22. меньше - less
23. место - place
24. мешочек - bag
25. минута - minute
26. нагружать - place weight, strain
27. накол - comminuted (fracture)
28. нарушаться - to be disrupted
29. необходимость - necessity
30. ножницы - scissors
31. обезболивающее - painkillers
32. одежда - clothes

33. ой - Oh (exclamation)
34. освобожда́ть - to release
35. о́стрый - sharp
36. отдава́ть - to give back
37. отёк - swelling
38. отображе́ние - image
39. отправля́ть - to refer, to send
40. ощу́пывать - to palpate
41. патоло́гия - pathology
42. перевя́зка - bandage, sling
43. перело́м - fracture, broken bone
44. пинце́т - tweezers
45. по́вод - reason, cause
46. поврежда́ть - to injure, to damage
47. подожда́ть - to wait
48. пото́м - later
49. почти́ - almost
50. предлага́ть - to suggest
51. прове́рка - examination, check-up
52. проду́кт - product
53. про́сто - simply
54. проходи́ть - to go in
55. процеду́ра - procedure, treatment
56. процеду́рный - procedural, relating to treatment
57. проя́вленный - showing, developed
58. проявля́ть - to develop
59. пульса́ция - pulse
60. рацио́н - food
61. ре́зкий - sharp
62. рентге́н - x-ray
63. рентге́н-кабине́т - x-ray room
64. рентгено́лог - radiologist
65. све́рху - above
66. ска́льпель - scalpel
67. ско́ро - soon
68. снима́ть - to take off
69. содержа́щий - containing
70. сосе́дний - next
71. споко́йно - calmly
72. стоя́ть - to stand
73. ткань - tissue
74. удивля́ться - to be surprised
75. удо́бно - comfortable
76. упа́сть - to fall
77. уходи́ть - to leave
78. фа́ртук - apron
79. хирурги́ческий - surgical
80. ходи́ть - to walk
81. ходьба́ - walking
82. хотя́ - however
83. цель - goal
84. щипцы́ - forceps

В

В зда́ние поликли́ники захо́дит мужчи́на.
«Здра́вствуйте. Хиру́рг принима́ет?» - спра́шивает мужчи́на в регистрату́ре.
«Да, хиру́рг принима́ет. Вы по за́писи?» - уточня́ют у него́.
«Нет, у меня́ о́страя боль», - говори́т он.
«Тогда́ проходи́те без о́череди», - отвеча́ют в регистрату́ре.
Мужчи́на захо́дит в кабине́т хиру́рга.
«У меня́ боли́т рука́», - говори́т он.
«Вы поврежда́ли ру́ку?» - спра́шивает врач.
«Да, я упа́л два дня наза́д», - отвеча́ет больно́й.
«У Вас была́ ре́зкая боль в руке́?» - уточня́ет

A man enters the clinic.
"Hello. Is the surgeon seeing patients?" asks the man at the registration desk.
"Yes, the surgeon is seeing patients. Do you have an appointment?" they ask.
"No, I have a sharp pain," he says.
"Then go through without waiting in line," they reply in registration.
The man goes into the surgeon's office.
"I have a pain in my arm," he says.
"Did you injure your arm?" asks the doctor.
"Yes, I fell down two days ago," the patient responds.
"Did you have a sharp pain in your arm?"

хирург.

«Да, у меня была очень сильная резкая боль. Потом она прошла», - говорит мужчина.

Доктор осматривает пациента.

«Подвигайте пальцами. Вам больно?» - спрашивает он.

«Нет, мне почти не больно», - отвечает мужчина.

«У Вас появился сильный отёк. Я ощупаю Вашу руку», - замечает врач.

«Ой! Здесь очень больно», - вскрикивает мужчина.

«Вы сейчас же должны сделать рентгеновский снимок», - говорит врач.

«Доктор, у меня перелом?» - спрашивает больной.

«Я думаю, у Вас закрытый перелом, хотя может быть и накол кости», - говорит хирург.

«Но я могу работать этой рукой», - удивляется мужчина.

«Так бывает, когда нерв не попадает в область повреждения», - объясняет врач.

Врач отправляет больного на рентген и УЗИ и выписывает ему направление.

«Вам нужно сделать рентген, а потом УЗИ мягкой ткани в этой области», - объясняет доктор.

«Где я могу сделать снимки?» - спрашивает мужчина.

«Вы можете пройти обследование и процедуры на месте. В поликлинике хорошая лаборатория. Вот, возьмите направление на рентген и на УЗИ», - говорит врач.

«Это очень удобно», - замечает больной.

«Ещё Вам нужно сделать общий анализ крови. Нужно посмотреть, нет ли опасных процессов в сосудах», - добавляет доктор.

Мужчина проявляет беспокойство по поводу анализа крови.

«Почему там могут быть опасные процессы?» - спрашивает он.

«Перелом произошёл два дня назад. Могли повредиться сосуды, нарушиться кровоток,

asks the surgeon.

"Yes, I had a very strong sharp pain. Then it passed," says the man.

The doctor examines the patient.

"Move your fingers. Do you feel pain?" he asks.

"No, it almost doesn't hurt," replies the man.

"You have a severe swelling. I will palpate your arm," says the doctor.

"Oh! It is very painful here," the man screams.

"You need to do an x-ray right away," the doctor says.

"Doctor, I have a broken bone?" asks the patient.

"I think you have a closed fracture, although it may also be a comminuted fracture," the surgeon says.

"But I can work with this arm," the man is surprised.

"This happens when the nerve is outside the injured area," explains the doctor.

The doctor refers the patient to do an X-ray and ultrasound and writes him a referral.

"You need to do an x-ray, and then an ultrasound of the soft tissue in this area," says the doctor.

"Where can I do the X-ray?" the man asks.

"You can do the examination and the procedures right here. The clinic has a good laboratory. Here, take the referral of the X-ray and ultrasound," the doctor says.

"That is very convenient," the patient remarks.

"You will also need to do a general blood test. We need to see whether there are dangerous processes in the blood vessels," adds the doctor.

The man shows concern about the blood test.

"Why would there be dangerous processes?" he asks.

"The fracture happened two days ago.

- объясняет врач. - Вы должны были обратиться к врачу сразу».
«Мне сразу отдадут снимки?» - уточняет больной.
«Да, результаты обследования выдают сразу. Со снимками возвращайтесь без очереди», - отвечает хирург.
Мужчина заходит в рентген-кабинет.
«Здравствуйте, у меня направление на рентген», - говорит он.
«Проходите, пожалуйста, давайте направление, - говорит рентгенолог. - Снимок нужно делать на большой плёнке, чтобы также видеть отображение здоровой кости и сустава».
«Что мне делать?» - спрашивает мужчина.
«Освободите руку от одежды. Положите руку на этот мешочек с песком», - объясняет врач.
«Мне нужен защитный фартук?» - спрашивает больной.
«Да, Вы должны надеть защитный фартук, - отвечает рентгенолог. - Сейчас я выйду в соседний кабинет и сделаю снимок».
«Что мне нужно делать?» - уточняет мужчина.
«Вам нужно стоять спокойно и не двигаться, - говорит врач. - Это быстро. Снимок готов».
«Когда я получу проявленную плёнку?» - спрашивает пациент.
«Вам нужно подождать десять минут», - отвечает рентгенолог.
Мужчина возвращается в кабинет хирурга.
«Снимки делают на большой рентгеновской плёнке», - говорит он.
«Хорошо. Давайте снимки мне», - просит врач.
«Что с моей рукой?» - спрашивает больной.
«У Вас закрытый перелом. Мягкие ткани в норме», - отвечает доктор.
«Отёк пройдёт скоро?» - беспокоится мужчина.
«Да, отёк проходит быстро. Вы не должны

There could be damage to the blood vessels, a disruption of the blood flow," explains the doctor. "You should have seen a doctor immediately."
"Will they give me the X-rays right away?" asks the patient.
"Yes, they will give you the results of the examination immediately. Come back with the X-rays without waiting in line," replies the surgeon.
The man walks into the X-ray room.
"Hello, I have a referral for an X-rays," he says.
"Come in, please, give us the referral," says the radiologist. "We need to take the X-ray on a large film to also see the image of the healthy bone and joint."
"What should I do?" the man asks.
"Remove the clothing from your arm. Put your arm on this bag of sand," explains doctor.
"Do I need a protective apron?" asks the patient.
"Yes, you should wear a protective apron," replies the radiologist. "Now I'll go to the next room and take the X-ray."
"What should I do?" asks the man.
"You need to stand still," the doctor says.
"It's fast. The X-ray is ready."
"When do I get the processed film?" asks the patient.
"You need to wait ten minutes," replies the radiologist.
The man returns to the surgeon's office.
"The X-rays are done on a large X-ray film," he says.
"OK. Give me the X-rays," says the doctor.
"What's wrong with my arm?" asks the patient.
"You have a closed fracture. The soft tissue is normal," replies doctor.
"Will the swelling go away soon?" worries the man.
"Yes, the swelling goes away fast. You

двигать рукой», - объясняет врач.
Доктор уходит в соседнюю комнату. Он готовит перевязку.
«Проходите в процедурную. Будем накладывать гипс», - говорит он.
«Я никогда не ходил в гипсе», - замечает больной.
На столе у доктора лежат скальпель, пинцет, щипцы и зажимы. Доктор берёт стерильный бинт и медицинские ножницы. Он накладывает гипс.
«Теперь сверху мы накладываем гипсовый бинт. Вам должно быть удобно», - объясняет он.
Врач загипсовал руку. Он хочет провести общий хирургический осмотр.
«Теперь давайте проведём общий хирургический осмотр», - предлагает он.
«Зачем проводить общий осмотр?» - интересуется пациент.
«Осмотр проводится с целью исключения хирургических патологий», - объясняет врач.
«Что Вы должны осмотреть?» - спрашивает больной.
«Я должен осмотреть лимфоузлы, нижние конечности, провести проверку пульсации сосудов ног», - говорит врач.
«Зачем нужен осмотр нижних конечностей?» - опять интересуется больной.
«Нужно проверять есть ли варикозное расширение вен», - объясняет доктор.
Врач изучает анамнез общего состояния пациента.
«У Вас бывает отёк конечностей?» - уточняет он.
«Да, отёк иногда бывает, когда я много хожу», - отвечает пациент.
«Вы чувствуете боли в ногах после ходьбы, онемение?» - спрашивает доктор.
«Онемения не чувствую. А ноги просто устают», - говорит больной.
Хирург даёт рекомендации пациенту.
«В Вашей медицинской карточке записано,

should not move your arm," says the doctor.
The doctor goes into the next room. He prepares a bandage.
"Come into the treatment room. We will apply a cast," he says.
"I've never been in a cast," the patient remarks.
On the doctor's table there are a scalpel, tweezers, forceps, and clamps. The doctor takes a sterile bandage and medical scissors. He applies the cast.
"Now, on top we will apply the cast bandage. You should be comfortable," he explains.
The doctor casts the arm. He wants to conduct a general surgical examination.
"Now, let's conduct a general surgical examination," he suggests.
"Why conduct a general examination?" the patient inquires.
"The goal of the examination is to rule out surgical pathologies," explains the doctor.
"What do you need to examine?" asks the patient.
"I must examine the lymph nodes, lower limbs, check the pulse in the leg vessels," the doctor says.
"Why do you need to examine the lower limbs?" again inquires the patient.
"It is necessary to check whether there are varicose veins," explains the doctor.
The doctor examines the patient's general medical history.
"Do you sometimes have a swelling of the limbs?" he asks.
"Yes, I sometimes have swellings when I walk a lot," the patient responds.
"Do you feel pain in the feet after walking, numbness?" asks the doctor.
"I do not feel numbness. My feet just get tired," says the patient.
The surgeon makes recommendations to the patient.
"On your medical record, it says that you

что у Вас травма конечности, закрытый перелом. Тут есть все рекомендации для Вас», - говорит он.
«Мне нужны лекарства?» - спрашивает больной.
«Я выписываю Вам витамины с кальцием, обезболивающее принимайте при необходимости», - объясняет доктор.
«И больше никаких лекарств?» - уточняет мужчина.
«Да, лекарств не нужно. Включите в рацион продукты, содержащие много кальция», - добавляет врач.
«Значит, теперь я буду на диете», - замечает больной.
«Вам нужно купить повязку для руки», - говорит доктор.
«Когда мне можно её снимать?» - спрашивает мужчина.
«Снимать повязку можно только когда ложитесь спать. Не нагружайте руку», - объясняет врач.
«Сколько я должен ходить в гипсе?» - спрашивает пациент.
«Не меньше, чем три недели. На повторный приём Вы приходите через двадцать дней», - напоминает хирург.
«Спасибо, доктор. До свидания», - говорит мужчина.
«Будьте аккуратны. Выздоравливайте», - отвечает врач.

have an injured limb, a closed fracture. All the recommendations are in there," he says.
"Do I need to take medication?" asks the patient.
"I prescribe you vitamins with calcium, take pain medication if necessary," explains the doctor.
"Are there any more medications?" asks the man.
"No, you do not need medications. Include foods that contain a lot of calcium in your diet," adds the doctor.
"So now I'm going on a special diet," the patient remarks.
"You need to buy a sling for your arm," he says.
"When can I take it off?" the man asks.
"You can only remove the sling when you go to bed. Do not put any weight on the arm," says the doctor
"How long will I have the cast?" asks the patient.
"No less than three weeks. Come back for a follow up appointment in twenty days," reminds the surgeon.
"Thank you, doctor. Goodbye," says the man.
"Be careful. Get well," replies the doctor.

Вопросы к тексту

1. Куда заходит мужчина?
2. Что у него болит?
3. Когда он упал?
4. У него была резкая боль?
5. Что сейчас же должен сделать больной?
6. Куда выписывает направление врач?
7. По поводу чего проявляет беспокойство мужчина?

Questions about the text

1. *Where does the man go?*
2. *What is painful?*
3. *When did he fall?*
4. *Did he have a sharp pain?*
5. *What must the patient do right away?*
6. *Where does the doctor refer him?*
7. *What is the man concerned about?*
8. *What may be damaged with a fracture?*

8. Что может повредиться при переломе?	9. What kind of film is used for the X-rays?
9. На какой плёнке нужно делать снимки?	10. Where should he put his arm?
10. Куда нужно положить руку?	11. What should the patient put on?
11. Что должен надеть больной?	12. Where does the doctor go?
12. Куда уходит доктор?	13. What does he do?
13. Что он делает?	14. What is on the doctor's table?
14. Что лежит на столе у доктора?	15. Why does he need to conduct a general examination?
15. Зачем проводить общий осмотр?	16. What does the doctor need to examine?
16. Что должен осмотреть врач?	17. Why does he need to examine the lower limbs?
17. Зачем нужен осмотр нижних конечностей?	18. Which foods should the patient include in his diet?
18. Какие продукты нужно включить в рацион?	19. When can he remove the sling?
19. Когда можно снимать повязку?	

Verbs of motion

Идти (perfective), ходить (imperfective) - *to go on foot*
Он идёт в библиотеку. *He is going to the library.*
Он ходит каждые выходные в театр. *He goes to the theatre every weekend.*
Ехать (perf.), ездить (imperf.) - *to go by a vehicle*
Они едут в лес. *They are going to the forest.*
Они редко ездят в деревню к своей бабушке. *They seldom go to the village to their granny.*
Лететь (perf.), летать (imperf.) - *to fly*
Он сейчас летит в Москву. *He is flying to Moscow now.*
Он летает в Китай каждый год. *He flies to Chine every year.*
Плыть (perf.), плавать (imperf.) - *to swim*
Она плывёт ко мне очень быстро. *She swims towards me very quickly.*
Она иногда плавает в нашем бассейне. *She sometimes swims in our swimming pool.*
Бежать (perf.), бегать (imperf.) - *run, jog*
Я бегу домой. *I am running home.*
Я бегаю по утрам. *I go jogging in the mornings.*
Мой ребёнок бегает с друзьями каждый день. *My child runs with friends every day.*
Нести (perf.), носить (imperf.) - *carry in hands*
Он несёт багаж в номер. *He is carrying luggage to the room.*
Вы носите ноутбук на работу? *Do you carry the notebook to work?*
Вести (perf.), водить (imperf.) - *lead, take*
Мы ведём нашего ребёнка в театр. *We are taking our child to the theatre.*
Мы водим нашего сына в сад каждое утро. *We take our son to the garden every morning.*
Везти (perf.), возить (imperf.) - *carry in a vehicle*
Вы везёте эти картины домой? *Are you carrying these pictures home?*
Вы возите картины в машине? *Do you carry pictures in a car?*

14

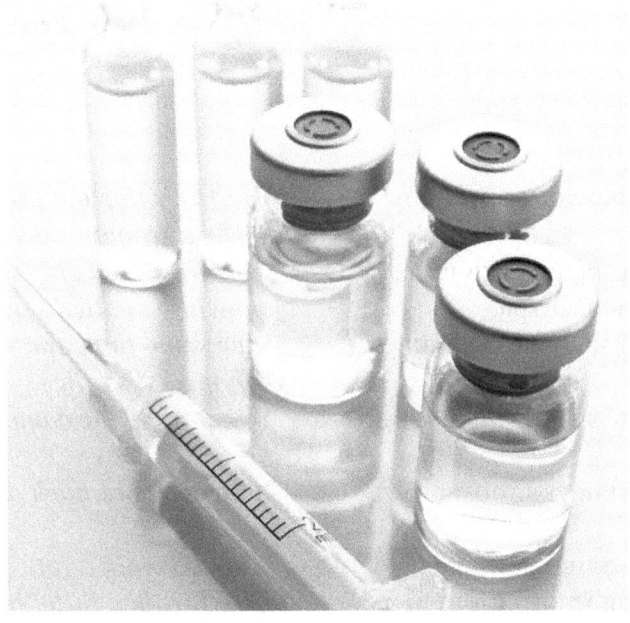

На какое время это облегчит моё состояние?
For how long will these relieve my condition?

A

Слова

1. бандаж - surgical corset
2. выработка - development
3. диагностика - diagnostics, test
4. длительный - long
5. жидкость - liquid
6. из-за - because
7. качественный - quality
8. компенсировать - to compensate
9. мера - measure
10. минимум - minimum
11. настаивать - to insist
12. некоторый - some
13. облегчение - relief
14. обувь - shoes
15. ожидать - to wait
16. околосуставный - periarthric
17. описывать - to describe
18. ортопед - podiatrist, orthopedist
19. ортопедический - orthopedic, orthotic
20. особенно - especially
21. остеохондроз - osteochondrosis
22. отдел - department
23. перегруженный - overloaded
24. перегрузка - overload
25. перегруппировка - rearrangement
26. плоскостопие - flatfoot
27. посоветовать - to advise
28. почувствовать - to feel
29. поясничный - lumbar, low back
30. приобретать - to buy
31. проблема - problem
32. провоцировать - to provoke

33. результат - result
34. рефлексотерапия - reflexology treatment, acupuncture
35. свободно - freely
36. скорее - rather
37. специальный - special
38. стелька - insole

39. стимулировать - to stimulate
40. стоять - to stand
41. структура - structure
42. суставный - articular, joint
43. точка - point
44. укреплять - to strengthen
45. фиксатор - brace, fixator

B

«Здравствуйте. Это очередь к ортопеду?» - спрашивает женщина.
«Да, эта очередь к ортопеду. Ожидайте, Вас вызовут», - отвечает медсестра.
Через время женщина заходит в кабинет ортопеда.
«На что Вы жалуетесь?» - спрашивает доктор.
«У меня болят спина и ноги», - отвечает женщина.
«Вы много ходите?» - уточняет врач.
«Нет, я хожу мало, но я много стою на работе», - говорит женщина.
«Я вижу, у Вас плоскостопие. Плоскостопие провоцирует эти симптомы», - замечает врач.
«Может ли из-за ног болеть спина?» - спрашивает женщина.
«Конечно, происходит перегрузка спины в поясничном отделе», - объясняет ортопед.
«Что Вы мне посоветуете?» - уточняет пациентка.
«Вам нужно носить ортопедические стельки», - говорит доктор.
«У меня уже есть ортопедические стельки», - замечает женщина.
«Когда Вы начали носить свои стельки?» - спрашивает доктор.
«Я ношу их уже полгода», - говорит женщина.
«Вам нужно подобрать новые качественные стельки или приобрести специальную обувь», - настаивает врач.
«Зачем нужны специальная обувь и стель-

"Hello. Is this the line to see an orthopedist?" a woman asks.
"Yes, this line is to the orthopedist. Wait, you will be called," responds the nurse.
After some time, the woman comes into the orthopedist's office.
"What are your complaints?" asks the doctor.
"I have a sore back and legs," answers the woman.
"Do you walk a lot?" asks the doctor.
"No, I walk a little, but I stand a lot at work," the woman says.
"I see you have flatfoot. Flatfoot provokes these symptoms," says the doctor.
"Could my back hurt because of my feet?" the woman asks.
"Of course, it causes overload in the lumbar area of your back," explains the orthopedist.
"What do you advise?" asks the patient.
"You need to wear orthotic insoles," says the doctor.
"I already have orthotic insoles," says the woman.
"When did you start wearing your insoles?" asks the doctor.
"I've been wearing them for six months," says the woman.
"You need to find new quality insoles or buy special shoes," insists the doctor.

"Why do I need special shoes and insoles?"

ки?» - спрашивает пациентка.
«Это помогает компенсировать перегруженные области», - объясняет доктор.
«Моя спина не будет болеть так сильно?» - уточняет женщина.
«Да, стельки и обувь помогают справиться с болью», - говорит врач.
«Кроме профилактических мер Вам можно пройти курс рефлексотерапии», - советует ортопед.
«На какое время это облегчит моё состояние?» - уточняет пациентка.
«Это укрепляет суставы минимум на полгода. Если это не лечить, начинают страдать голени, коленные суставы, происходит перегруппировка мышц», - объясняет врач.
«Что вызывает перегруппировка мышц?» - спрашивает женщина.
«Она может вызвать остеохондроз», - объясняет доктор.
Врач продолжает уточнять состояние пациентки.
«У Вас бывают отёки?» - спрашивает он.
«Да, отёки есть, особенно вечером», - отвечает больная.
«Болят ли у Вас стопы после нагрузки?» - уточняет доктор.
«Да, стопы болят после физических нагрузок», - жалуется женщина.
«Часто болит спина в пояснице?» - спрашивает врач.
«Спина болит после нагрузок и появляется головная боль», - отвечает пациентка.
«Пока мы будем проводить лечение, Вы можете носить бандаж. Это облегчит Ваши боли», - советует ортопед.
Врач интересуется, есть ли ещё жалобы у пациентки. Он делает записи в карточке.
«Я не могу свободно двигать правой рукой», - говорит женщина.
«Где Вы чувствуете боль?» - уточняет врач.
«У меня появляется боль в локте», - говорит женщина.
«Я должен осмотреть Ваши суставы. Вам

asks the patient.
"It helps to compensate for overloaded regions," explains the doctor.
"Will my back stop hurting so much?" asks the woman.
"Yes, insoles and footwear help to cope with the pain," the doctor says.
"Beside preventive measures, you can take a course of reflexology," advises the orthopedist.
"For how long will these relieve my condition?" asks the patient.
"It strengthens the joints at least for six months. If it remains untreated, the shins, knees and joints begin to suffer, and muscle rearrangement occurs," explains the doctor.
"What does the rearrangement of the muscles cause?" the woman asks.
"It can cause osteochondrosis," explains the doctor.
The doctor continues to examine the patient's condition.
"Do you have swelling?" he asks.
"Yes, I have swelling, especially in the evening" the patient responds.
"Do your feet ache after exertion?" asks the doctor.
"Yes, my feet ache after physical exertion," the woman complains.
"Does your low back get sore often?" asks the doctor.
"My back hurts and a headache appears after exertion," the patient responds.
"While we carry out the treatment, you can wear a surgical corset. This will ease your pain," advises the orthopedist.
The doctor wondered whether the patient has more complaints. He makes notes in her medical record.
"I cannot move my right arm freely," the woman says.
"Where do you feel pain?" asks the doctor.
"I get pain in the elbow," the woman says.
"I must examine your joints. You need to

нужно сделать диагностику», - говорит врач.
«Какую диагностику нужно сделать?» - уточняет больная.
«Нужно сделать УЗИ и провести эндоскопическую диагностику заболевания суставов», - объясняет доктор.
Пациентка приходит с результатами обследования к ортопеду.
«УЗИ показывает нарушение в структуре сустава», - говорит доктор.
«Это можно вылечить?» - спрашивает пациентка.
«Да, я назначаю Вам лечение», - говорит врач.
«Это дорогое лечение?» - уточняет пациентка.
«Скорее это длительное лечение», - объясняет врач.
Врач описывает систему и процесс лечения.
«Для лечения нужно вводить противовоспалительные препараты в околосуставную область», - объясняет он.
«Это придётся делать всё время?» - уточняет больная.
«Нет. Бывает достаточно одного раза. Нужно стимулировать выработку суставной жидкости», - успокаивает её врач.
«Хорошо, если достаточно одного раза», - замечает больная.
«Нужно определить болевые точки сустава», - продолжает доктор.
Ортопед ставит диагноз и назначает лечение. Он выписывает лекарства.
«Я выпишу Вам мазь от боли в суставах», - говорит доктор.
«Мазь быстро помогает?» - уточняет женщина.
«Да, это хорошая мазь. Через несколько дней Вы почувствуете облегчение. Некоторое время Вам придётся носить фиксатор сустава», - рассказывает врач.
«Когда я могу снять фиксатор?» - спрашивает женщина.

undergo diagnostics," the doctor says.
"What kind of diagnostics do I need?" asks the patient.
"You need an ultrasound and an endoscopy of the joints," explains the doctor.

The patient comes back to the orthopedist with the tests results.
"The ultrasound shows disruption of the joint structure," the doctor says.
"Can it be cured?" asks the patient.
"Yes, I am prescribing you a treatment," the doctor says.
"Is this an expensive treatment?" asks the patient.
"No, rather, it is a long-term treatment," explains the doctor.
The doctor describes the system and the process of treatment.
"An anti-inflammatory medicine needs to be administered in the periarticular region for this treatment," he explains.
"Is this necessary to do all the time?" asks the patient.
"No. Usually once is enough. It needs to stimulate the production of synovial fluid," soothes the doctor.
"It's OK if once is enough," says the patient.
"It is necessary to determine the painful points of the joint," continues the doctor.
The orthopedist makes a diagnosis and prescribes a treatment. He prescribes medicine.
"I'll prescribe you an ointment for your joint pain," the doctor says.
"Does the ointment help quickly?" asks the woman.
"Yes, it's a good ointment. After a few days, you will feel a relief. For some time you have to wear a joint brace," says the doctor.
"When can I remove the brace?" the woman asks.
"Come back with the diagnostics results

«Приходите с результатами диагностики, и я посмотрю на состояние сустава. Не теряйте времени. Лечитесь», - говорит ортопед. «Хорошо, доктор. До свидания», - отвечает женщина.

and I will look at the condition of your joint. Do not waste your time. Take care of yourself," says the orthopedist.
"All right, doctor. Goodbye," says the woman.

C

Вопросы к тексту

1. В какой кабинет заходит женщина?
2. На что она жалуется?
3. Может ли из-за проблем с ногами болеть спина?
4. Что нужно носить пациентке?
5. Какие стельки нужно подобрать?
6. Зачем нужна специальная обувь и стельки?
7. Зачем нужно проходить курс рефлексотерапии?
8. Что вызывает перегруппировка мышц?
9. Когда у пациентки бывают отёки?
10. Какую диагностику нужно сделать?
11. Что показывает УЗИ?
12. Какие препараты вводят в околосуставную область?
13. Какую мазь выписывает доктор?
14. Какой фиксатор придётся носить пациентке?

Questions about the text

1. What office does the woman enter?
2. What are her complaints?
3. Could foot problems cause a back ache?
4. What does the patient need to wear?
5. What kind of insoles does she need to find?
6. Why are special shoes and insoles needed?
7. Why is reflexology treatment needed?
8. What causes muscle rearrangement?
9. When does the patient have swelling?
10. What kind of diagnostics should be done?
11. What does the ultrasound show?
12. What medicine is administered in the periarticular region?
13. What kind of ointment does the doctor prescribe?
14. What kind of brace does the patient have to wear?

D

To convey an attitude to an action or event you can use рад *(glad)*, уверен *(sure)*, должен *(have to)*, готов *(ready)*, надо / нужно *(need)*, мочь *(can)*. The words рад, уверен, готов are short forms of adjectives and they agree with nouns or pronouns in gender and numeral.
Он рад *(he is glad):* Он рад тебя видеть. *He is glad to see you.*
Она рада *(she is glad):* Она всегда рада хорошим новостям. *She is always glad to hear good news.*
Они рады *(they are glad)* Они рады получить новую работу. *They are glad to get a new job.*
Он должен *(he has to):* Он должен купить хлеб. *He has to buy some bread.*

Она должна *(she has to)* Она должна пойти в магазин сегодня. *She has to go to a shop today.*

Они должны *(they have to)* Они должны отправить письма. *They have to send letters.*

Он готов *(he is ready):* Он готов прийти в понедельник. *He is ready to come on Monday.*

Она готова *(she is ready)* Она готова работать на выходных. *She is ready to work on weekends.*

Они готовы *(they are ready)* Они готовы читать новую книгу. *They are ready to read a new book.*

Он уверен *(he is sure):* Он уверен, что знает этот город хорошо. *He is sure that he knows this town well.*

Она уверена *(she is sure)* Она уверена, что детям нравится это кафе. *She is sure, that the children like this café.*

Они уверены *(they are sure)* Они уверены, что Евгений заходит в магазин каждое утро. *They are sure that Yevgeny stops at the store every morning.*

Note: Dative + надо/нужно + Infinitive, for example:

Мне нужно сесть на автобус номер пять. *I have to get on the bus number five.*

Тебе нужно спать больше. *You should sleep more.*

Вам нужно выпить чашку горячего чая. *You should drink a cup of hot tea.*

15

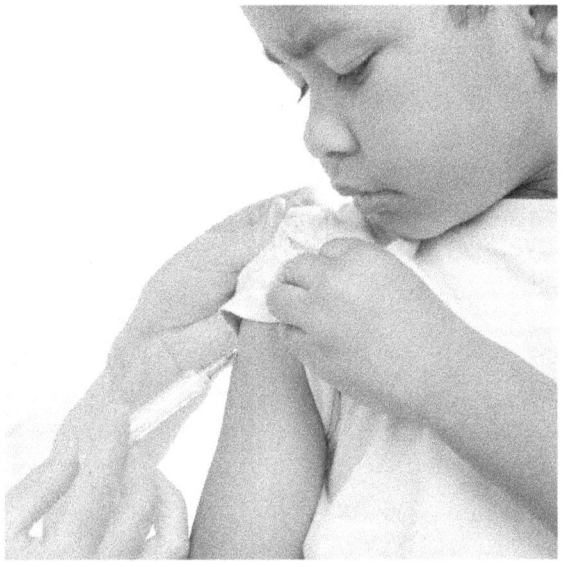

Мы не м<u>о</u>жем д<u>е</u>лать сег<u>о</u>дня прив<u>и</u>вку
We cannot vaccinate today

Слов<u>а</u>

1. АКДС (Адсорб<u>и</u>рованная коклюшно-дифтер<u>и</u>йно-столбн<u>я</u>чная) - DTP (Adsorbed pertussis-diphtheria-tetanus)
2. б<u>е</u>гать - to run
3. бо<u>я</u>ться - to be afraid
4. бы - would
5. б<u>ы</u>стрый - fast, quick
6. вакц<u>и</u>на - vaccine
7. вакцин<u>а</u>ция - vaccination
8. волнов<u>а</u>ться - to be worried, anxious
9. вчер<u>а</u> - yesterday
10. в<u>ы</u>вод - conclusion
11. гомеопат<u>и</u>ческий - homeopathic
12. гот<u>о</u>вый - ready
13. гул<u>я</u>ть - to walk, to stroll
14. дать - to give
15. дифтер<u>и</u>я - diphtheria
16. иммуностимул<u>и</u>рующий - immune-busting
17. инф<u>а</u>нрикс - Infanrix
18. к<u>а</u>шель - cough
19. компон<u>е</u>нт - component
20. контр<u>о</u>ль - control
21. корь - measles
22. красн<u>у</u>ха - rubella
23. лёгкий - lung
24. лот<u>о</u>к - tray
25. манту - Mantoux test
26. мать - mother
27. наблюд<u>а</u>ть - to watch, to observe
28. напряжённость - strain, tension, exertion
29. н<u>а</u>сморк - runny nose

30. нездоровый - unhealthy, unwell
31. немного - a little
32. низкий - low
33. никакой - no one, none
34. норма - norm
35. общеукрепляющий - restorative, tonic
36. отказываться - to refuse
37. открывать - to open
38. отмечать - to note, to remark
39. паротит - parotitis, mumps
40. подавать - to hand (to someone)
41. подвижный - active, agile
42. полиомиелит - poliomyelitis, polio
43. положительный - positive
44. посещение - visit
45. послушать - to listen
46. практически - practically, actually
47. прививка - inoculation, vaccination
48. прикладывать - to apply
49. проба - test.
50. против - against
51. разговаривать - to talk
52. разрешение - permission
53. ротик - (little) mouth
54. слышать - to listen, to hear
55. сомневаться - to have a doubt, to be unsure
56. столбняк - tetanus
57. тест - test
58. тихо - quiet
59. тяжёлый - heavy
60. увеличенный - enlarge
61. утомляемость - tiring, fatigue
62. фрукт - fruit
63. чисто - clean

В

В детскую поликлинику заходят мама с ребёнком.
«Здравствуйте. Мы на приём к педиатру. Дайте нам, пожалуйста, карточку», - говорит женщина.
«Вы по записи?» - уточняют в регистратуре.
«Да, врач нас ждёт. У нас вакцинация», - отвечает она.
Мама с ребёнком заходят в кабинет педиатра. Женщина уточняет у педиатра о прививке.
«Давайте проведём осмотр. Ребёнок должен быть совершенно здоров», - говорит врач.
«У нас сейчас нет жалоб», - отвечает мама.
«Мы не можем делать прививку, если он хотя бы немного нездоров», - объясняет доктор.
Врач разговаривает с ребёнком и начинает осмотр.
«Подайте мне лопатку для языка», - говорит она медсестре. Я должна осмотреть горло, язык, щёки.
Медсестра подаёт стерильные приборы в

A mother with a child walks into the children's clinic.
"Hello. We are going to see the pediatrician. Give us our medical record please," the woman says.
"Do you have an appointment?" asks the receptionist.
"Yes, the doctor is expecting us. We have a planned vaccination," she says.
The mother and her child go into the pediatrician's office. The woman checks with the pediatrician about the vaccination.
"Let's do an examination. The child should be perfectly healthy," the doctor says.
"We have no complaints right now," replies the mother.
"We cannot get him vaccinated if he is even a little unwell," explains the doctor.
The doctor talks to the child, and begins the examination.
"Give me a tongue compressor," she tells the nurse. I have to examine the throat, tongue, cheeks.

лотке.

«Открой ротик. Скажи а-а-а», - просит врач.

«А-а-а», - говорит ребёнок.

«Горло не красное. Миндалины в норме», - говорит доктор.

Врач проверяет лимфоузлы.

«Лимфоузлы не увеличены», - говорит она.

«Теперь я тебя послушаю», - обращается к ребёнку врач.

Врач берёт стетоскоп и прикладывает к лёгким и бронхам ребёнка.

«Дыши глубоко. Теперь тихо. Поворачивайся спиной, всё хорошо. В лёгких всё чисто», - говорит детский врач.

«Несколько дней назад он жаловался, что быстро устаёт, когда бегает», - замечает мама.

«Да-да, я сейчас послушаю сердце и измерю пульс», - говорит доктор.

«Пульс немного учащённый. Возможно, он волнуется, - замечает детский врач. - Быстрая утомляемость может быть связана с низкой физической активностью».

«Но он очень подвижный», - удивляется женщина.

«Дело не в этом. Вы много гуляете на свежем воздухе?» - уточняет доктор.

«Около часа в день», - отвечает мать ребёнка.

«Этого мало. Свежий воздух очень полезен для детей», - говорит врач.

«Я слышу, что у него немного заложен нос», - продолжает педиатр.

«Да, насморк начался ещё вчера», - говорит мама.

«Какие ещё симптомы Вы наблюдали?» - спрашивает врач.

«Больше никаких симптомов», - отмечает женщина.

«Температура и кашель были?» - спрашивает врач.

«Нет, температуры и кашля не было», - отвечает она.

Врач сомневается, что ребёнок готов к при-

The nurse hands the doctor sterile instruments in a tray.

"Open your mouth. Say ah-ah-ah," asks the doctor.

"A-ah," says the child.

"The throat is not red. The tonsils are normal," says the doctor.

The doctor checks the lymph nodes.

"The lymph nodes are not enlarged," she says.

"Now I'll listen to your breath," the doctor tells the child.

The doctor takes a stethoscope and applies it to the lungs and bronchi of the child.

"Breathe deeply. Now, quietly. Turn your back. Everything is OK. The lungs are clean," says the pediatrician.

"A few days ago, he complained that he tires quickly when running," says the mother.

"Yes, I'll listen to his heart and take his pulse right now," the doctor says.

"The pulse is slightly accelerated. Maybe he's anxious," says the pediatrician. "Quickly tiring may be associated with low physical activity."

"But he's very active," the woman is surprised.

"It's not that. Do you walk a lot in the fresh air?" asks the doctor.

"About an hour a day," replies the child's mother.

"That's not enough. Fresh air is very good for children," the doctor says.

"I hear that his nose is a little stuffy," continues the pediatrician.

"Yes, the runny nose started yesterday," the mother says.

"Did you observe any other symptoms?" asks the doctor.

"No other symptoms," remarks the woman.

"Was there fever or cough?" the doctor asks.

"No, there was no fever or cough," she an-

вивке.

«Возьмите термометр, температуру нужно измерить обязательно», - говорит она.

«Доктор, я измерила температуру», - отвечает женщина.

«Температура немного повышена. Мы не можем делать сегодня прививку», - говорит педиатр.

«Теперь придётся лечить простуду», - замечает мама ребёнка.

«Да, я выпишу вам эффективные гомеопатические препараты», - говорит доктор.

«Они быстро помогают?» - спрашивает мама.

«Да, вот ваш рецепт. Здесь препараты от насморка, общеукрепляющие, иммуностимулирующие, витамины. Ешьте больше фруктов», - говорит врач.

«Доктор, давайте проверим, какие прививки нам ещё нужно сделать», - просит женщина.

«У вас есть прививки против кори, краснухи, паротита», - уточняет педиатр.

«Мы делали прививку инфанрикс», - замечает мама ребёнка.

«Да, у ребёнка выявлена сильная аллергия на компоненты вакцины от краснухи», - говорит врач.

«Доктор, манту нужно делать каждый год?» - спрашивает женщина.

«Да, я советую не пропускать эти пробы. Это хороший контроль опасной болезни», - замечает педиатр.

«Эта проба вызывает аллергию?» - уточняет мама.

«Нет, у PPD теста практически нет побочных эффектов, - говорит врач. - У ребёнка есть прививки от полиомиелита».

«Когда нужно делать АКДС?» - спрашивает мать ребёнка.

«Эта комплексная прививка делается раз в восемь лет. Сейчас вам нужно сделать прививки от дифтерии и столбняка», - отвечает врач.

Врач рассматривает историю вакцинаций.

swers.

The doctor is not sure that the child is ready for vaccination.

"Take a thermometer, we must take his temperature," she says.

"Doctor, I have taken his temperature," says the woman.

"The temperature is a little high. We cannot vaccinate today," says the pediatrician.

"Now we'll have to treat the cold," remarks the child's mother.

"Yes, I'll prescribe you effective homeopathic remedies," the doctor says.

"Do they help quickly?" asks the mother.

"Yes, here is your prescription. There are medications for a runny nose, restoratives, immune-boosting medications, and vitamins. Eat more fruit," the doctor says.

"Doctor, let's check what vaccinations we still need to do," says the woman.

"You already have vaccinations against measles, rubella, mumps," says pediatrician.

"We have been vaccinated with Infanrix," remarks child's mother.

"Yes, the child had a severe allergic reaction to the components of the vaccine against rubella," the doctor says.

"Doctor, should a Mantoux test be done every year?" the woman asks.

"Yes, I advise you not to miss these tests. That is a good way to control a dangerous disease," says the pediatrician.

"Does this test cause allergies?" asks the mother.

"No, the PPD test has practically no side effects," the doctor says. The child has a polio vaccine.

"When do we need to do DTP?" asks the child's mother.

"This comprehensive vaccination is needed every eight years. Now you need vaccines against diphtheria and tetanus," replies the physician.

«Я советую вам посетить аллерголога и сделать анализы на аллергическую реакцию на компоненты прививки», - настаивает педиатр.
«Хорошо, мы обязательно сдадим анализ», - отвечает мама.
«Если анализ будет положительный, аллерголог даёт разрешение на вакцинацию», - объясняет педиатр.
«Тогда можно записаться на прививку?» - уточняет женщина.
«Да, но за три дня до прививки Вы должны давать ребёнку противоаллергические препараты», - говорит врач.
«Я хочу отказаться от этой прививки», - говорит мама ребёнка.
«Вы можете отказаться, но лучше сделать анализ на напряжённость иммунитета», - советует доктор.
«Я боюсь, что она вызовет осложнения или тяжёлую реакцию», - беспокоится женщина.
«Я думаю, выводы можно делать после посещения аллерголога», - замечает врач.
«Вам нужен больничный?» - спрашивает педиатр.
«Да, доктор, я работаю и мне нужен больничный по уходу за ребёнком», - отвечает мама ребёнка.
«Хорошо, мы выпишем Вам больничный», - говорит доктор.
«Спасибо, доктор. До свидания», - говорят мама и ребёнок.
«Выздоравливайте скорее. До свидания», - отвечает детский врач.

The doctor examines the vaccination records.
"I suggest that you visit an allergist and do a test for an allergic reaction to the components of the vaccine," insists the pediatrician.
"O.K., we will get tested for sure," replies the mother.
"If the test is positive, the allergist gives permission for the vaccination," explains the pediatrician.
"Can we sign up for the vaccine then?" asks the woman.
"Yes, but you should give your child's allergy medications three days before the vaccination," the doctor says.
"I want to refuse this vaccine," says the child's mother.
"You can refuse it, but it is better to do the test on the strain of the immune system," advises the doctor.
"I am afraid that it will cause complications or a severe reaction," worries the woman.
"I think we can make conclusions after visiting an allergist," says the doctor.
"Do you need a note for sick leave?" asks the pediatrician.
"Yes, Doctor, I work and I need sick leave for child care," answers the child's mom.
"O.K., we will write you a note for sick leave," the doctor says.
"Thank you, Doctor. Goodbye," say the mother and child.
"Get well soon. Goodbye," replies the pediatrician.

Вопросы к тексту

1. Куда заходит мама с ребёнком?
2. Что должна осмотреть врач?
3. Что подаёт медсестра?

Questions about the text

1. Where do the mother and child go?
2. What should the doctor examine?
3. What does nurse hand the doctor?

4. Что прикладывает к лёгким и бронхам врач?	*4. What does the doctor apply to the lungs and bronchi?*
5. С чем может быть связана быстрая утомляемость?	*5. What may be related to getting tired?*
6. Когда начался насморк?	*6. When did the runny nose start?*
7. Что нужно измерить обязательно?	*7. What must be taken?*
8. Какие препараты выписывает доктор?	*8. Which medications does the doctor prescribe?*
9. Против чего есть прививки?	*9. What vaccinations does he give?*
10. На что у ребёнка выявлена сильная аллергия?	*10. To what does the child have a strong allergy?*
11. Когда нужно делать АКДС?	*11. How often is DTP needed?*
12. Какие прививки нужно сделать сейчас?	*12. Which vaccinations does the child need to do now?*
13. Кого советует посетить педиатр?	*13. Whom does the pediatrician recommend to visit?*
14. Кто даёт разрешение на вакцинацию?	*14. Who gives permission for the vaccination?*
15. Какой больничный нужен маме ребёнка?	*15. What kind of sick leave does the child's mother need?*

Prefixes of motion verbs

при- (towards smth or smb): Мы приезжаем сегодня вечером. *We come today evening.*
у- (away from smth or smb): Он уезжает в понедельник. *He leaves on Monday.*
пере- (move across smth): Он переходит дорогу с ребёнком. *He crosses the road with a child.*
в-, за- (into smth): Моя тётя въезжает/заезжает в гараж очень медленно. *My aunt drives into the garage very slowly.* Входите/заходите в комнату, пожалуйста. *Come into the room, please.*
вы- (out of smth): Мой дядя выезжает из гаража быстро. *My uncle drives out of the garage quickly.*
про- (along, over, past): Мы проходим через мост. *We go over a bridge.* Они проходят мимо автобусной остановки. *They go past a bus stop.*
под- (up to smth): Его сестра подходит к продуктовому магазину. *His sister goes up to the grocery shop.*
от- (away from smth): Они отходят от офиса через пять минут. *They are going away from the office in five minutes.*
до- (reaching smth): Она доедет до Киева через час. *She is getting to Kiev in an hour.*
за- (call on the way): Ме заедем к вам, когда будем ехать домой. *We will call you on the way home.*
с- (down from smth): Дети хотят съехать с горки. *The children would like to go down from the ice-hill.*

16

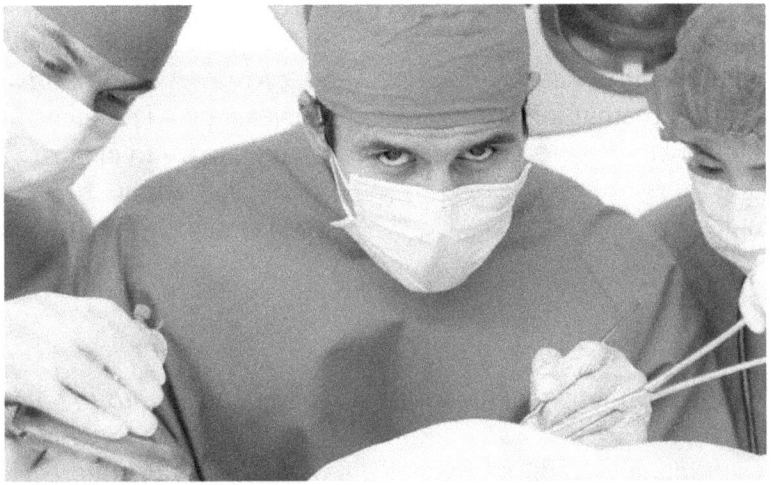

Что бывает, если не лечить пародонтит?
What happens if you do not treat periodontitis?

A

Слова

1. ай - Ah, ouch
2. антибактериальный - antibacterial
3. болезненно - painful
4. бормашина - (dental) drill
5. вернуться - to return
6. возле - near
7. временный - temporary
8. вытяжка - ventilation
9. гингивит - gingivitis
10. глубокий - deep
11. дентин - dentin
12. жечь - to burn
13. засорённый - clogged
14. затем - then
15. зонд - probe
16. зубной - dental
17. зубодесневый - periodontal
18. искусственный - artificial
19. канал - (root) canal
20. кариес - decay, caries
21. кариозный - relating to decay, carious
22. карман - pocket
23. корень - root
24. корневой - root
25. кресло - chair
26. кровоточивость - bleeding
27. кюрета - curette
28. маленький - small
29. межзубный - interdental
30. налёт - deposit
31. напротив - across
32. обрабатывать - to treat, to process
33. образоваться - to form
34. обследовать - to examine
35. окно - window
36. остаток - leftover
37. отложение - plaque, deposit
38. отмирание - dying

39. пародонт__и__т - periodontitis
40. пл__о__мба - filling
41. подд__е__сневый - subgingival
42. пон__я__ть - to understand
43. постар__а__ться - to try
44. потерп__е__ть - to be patient, to endure
45. пот__е__ря - loss
46. пот__о__лок - ceiling
47. поч__и__стить - to clean up
48. преждевр__е__менный - premature
49. пром__е__жуток - interval
50. прохл__а__дно - cool
51. разруш__а__ть - to destroy

52. сад__и__ться - to sit down
53. св__е__тлый - light, bright
54. ск__а__лер - scaler
55. совс__е__м - absolutely, completely
56. сохран__я__ть - to save
57. ср__е__да - Wednesday
58. ст__а__дия - stage
59. стерилиз__а__ция - sterilization
60. стомат__и__т - stomatitis
61. четв__е__рг - Thursday
62. ч__и__стить - to clean
63. шкаф - cupboard
64. экскав__а__тор - dental excavator

В

Девушка зах__о__дит в стоматолог__и__ческую клинику.
«Здр__а__вствуйте. Я зап__и__сана на одиннадцать час__о__в к стомат__о__логу», - говор__и__т она.
«Хорош__о__, ждите в__о__зле кабин__е__та», - говор__и__т ассистент стомат__о__лога.
«Ск__о__лько мне н__у__жно ждать?» - уточн__я__ет девушка.
«Как т__о__лько врач освобод__и__тся, Вас в__ы__зовут», - говор__и__т он.
Девушка зах__о__дит в кабин__е__т. Он св__е__тлый. Там два больш__и__х окн__а__. На потолк__е__ раб__о__тает вытяжка. Здесь прохл__а__дно. В кабин__е__те сто__и__т два стоматолог__и__ческих кресла. Слева стоит приб__о__р для стерилиз__а__ции инструм__е__нтов. В__о__зле окн__а__ стоит шкаф. В нём мн__о__го препаратов.
«Проход__и__те. Сад__и__тесь в кр__е__сло. Что Вас беспок__о__ит?» - спр__а__шивает врач.
«У мен__я__ бол__и__т зуб», - отвеч__а__ет д__е__вушка.
«Дав__а__йте посм__о__трим. Открыв__а__йте рот», - говор__и__т врач.
Врач берёт стоматолог__и__ческое з__е__ркало и осм__а__тривает ротовую п__о__лость.
«У Вас был стомат__и__т?» - спр__а__шивает он.
«Да, у мен__я__ был стомат__и__т, но давн__о__», - уточн__я__ет д__е__вушка.
«В __э__том м__е__сте у Вас воспален__а__ десн__а__», - замеч__а__ет стомат__о__лог.

A girl comes into the dental clinic.
"Hello. I have an appointment at eleven o'clock with the dentist," she says.
"Okay, wait outside the office," says the dental assistant.
"How long do I have to wait?" asks the girl.
"Once the doctor is free, you will be called," he says.
The girl walks into the office. It is bright. There are two large windows. There is a ventilator on the ceiling. It's cool here. The office has two dental chairs. On the left, there is a device for sterilizing instruments. Near the window is a cupboard. In it, there are a lot of medications.
"Come in. Sit in the chair. What troubles you?" asks the doctor.
"I have a toothache," answers the girl.
"Let's see. Open your mouth," the doctor says.
The doctor takes a dental mirror and examines the oral cavity.
"Did you have stomatitis?" he asks.
"Yes, I had stomatitis, but a long time ago," says the girl.
"You have inflamed gums there," says the dentist.

«Да, я заметила это ещё вчера», - отвечает девушка.
«Я должен обработать этот участок раствором, - говорит врач. - У Вас бывает кровоточивость дёсен?»
«Нет, у меня не бывает кровоточивости дёсен, - говорит пациентка и уточняет. - Что бывает, если не лечить пародонтит?»
«Это ведёт к следующей стадии заболевания», - объясняет врач.
«Что это значит?» - интересуется она.
«Начинают появляться зубодесневые карманы, - продолжает врач. - Заболевания дёсен приводят к преждевременной потере зубов».
Врач берёт стоматологический зонд и обследует состояние зубов.
«Я обнаружил кариозную полость в двух зубах», - говорит стоматолог.
«Ай!» - вскрикнула девушка.
«Да-да, я вижу. Здесь больно. В этом зубе у Вас глубокий кариес, - говорит врач. - У Вас открыт нерв. Но мне не хочется его удалять».
«Что Вы собираетесь делать?» - спрашивает она.
«Вам нужно сделать снимок зуба, и я посмотрю, можно ли сохранить нерв», - объясняет врач.
«У меня сильно повреждён зуб?» - уточняет пациентка.
«В этом зубе у Вас кариес средней степени. Это легко вылечить», - говорит доктор.
«Доктор, что нужно, чтобы пломба долго держалась?» - интересуется девушка.
«Нужно выяснить, не засорён ли корневой канал. После этого мы поставим Вам хорошую пломбу», - говорит доктор.
Девушка уточняет у доктора, где она может сделать снимок зуба.
«Где я могу сделать снимок?» - говорит она.
«Снимок можно сделать в кабинете напротив», - отвечает медсестра.
«Со снимком я должна вернуться к Вам в кабинет?» - спрашивает пациентка.
«Конечно, сразу возвращайтесь в кабинет», -

"Yes, I noticed it yesterday," answers the girl.
"I have to treat this area with a solution," the doctor says. "Do you have bleeding gums sometimes?"
"No, I do not have bleeding gums," says the patient, and inquires: "What happens if you do not treat periodontitis?"
"This leads to the next stage of the disease," explains the doctor.
"What does this mean?" she asks.
"Periodontal pockets start to emerge," continues the doctor. "Gum disease leads to a premature loss of teeth."
The doctor takes a dental probe and examines the condition of the teeth.
"I found cavities in two teeth," the dentist says.
"Ouch!" cries the girl.
"Yes, I see. Here it hurts. You have deep decay in this tooth," the doctor says. "You have an open nerve here. But I do not want to remove it."
"What are you going to do?" she asks.
"You need to take an X-ray of the tooth and I will see whether it is possible to save the nerve," explains the doctor.
"Is my tooth badly damaged?" asks the patient.
"In this tooth you have a moderate degree of decay. It is easily cured," the doctor says.
"Doctor, what needs to be done for the filling to hold for a long time?" asks the girl.
"It is necessary to find out whether the root canal is clogged. After that we will put in a good filling," the doctor says.
The girl asks the doctor where she can take the X-ray of the tooth.
"Where can I take the X-ray?" she says.
"The X-ray can be done in the office across from ours," answers a nurse.
"Do I have to go back to your office with

говорит доктор.
Девушка заходит в рентген-кабинет. Он маленький. В центре комнаты рентгеновский аппарат. Он стоматологический.
Пациентка заходит в кабинет со снимком в руке.
«Давайте снимок. Садитесь в кресло», - говорит врач.
«Вы можете сегодня поставить пломбу?» - интересуется пациентка.
«Нет, сначала нужно удалить зубные отложения, затем почистим корневой канал и поставим на нерв лекарство», - объясняет врач.
Врач берёт стоматологический пинцет и очищает десну с помощью раствора.
«Сейчас будет немного жечь. Потерпите», - говорит он.
«У Вас образовались поддесневые зубные отложения. Они разрушают корень зуба и десну», - замечает стоматолог.
«Вы можете их удалить?» - беспокоится пациентка.
«Конечно, это нужно сделать обязательно», - отвечает врач.
«Что бывает, если не удалять зубные отложения?» - уточняет девушка.
«Сначала развивается гингивит, а потом пародонтит», - объясняет врач.
Врач берёт кюрету и удаляет зубные отложения.
«Теперь с помощью скалера мы чистим межзубные промежутки», - говорит он. - Затем мы обрабатываем воспалённую десну антибактериальным раствором и мазью.
«Это больно?» - беспокоится пациентка.
«Нет, это совсем не больно. Постарайтесь не закрывать рот. Если не лечить воспаление, развивается стоматит. Это неприятно и болезненно», - объясняет врач.
Врач берёт экскаватор и чистит кариозную полость от остатков пищи и мягкого зубного налёта.
«Мне нужно почистить кариозные полости и обработать их раствором», - предупреждает

X-ray?" asks the patient.
"Of course, get back to my office right away," he says.
The girl comes into the X-ray room. It's small. In the center of the room is an X-ray machine. It's a dental X-ray machine.
The patient comes into the office with the X-ray in her hand.
"Give me the X-ray. Sit in the chair," the doctor says.
"Can you put in the filling today?" asks the patient.
"No, first, we need to remove plaque, then clean the root canal and put medicine on the nerve," the doctor explains.
The doctor takes dental tweezers and cleans the gums with a solution.
"It will burn a little. Be patient," he says.
"You have subgingival dental plaque. It destroys the root of the tooth and the gum," says the dentist.
"Can you remove it?" worries the patient.
"Of course, this must be done," replies the doctor.
"What happens if you do not remove the plaque?" asks the girl.
"First gingivitis develops, then periodontitis," explains the doctor.
The doctor takes a curette and removes the plaque.
"Now we clean interdental spaces with the scaler," he says. "Then we treat the inflamed gums with antibacterial solution and ointment."
"Does it hurt?" worries patient.
"No, it does not hurt at all. Try not to shut your mouth. If you do not treat inflammation, stomatitis develops. It is unpleasant and painful," explains the doctor.
The doctor takes a dental excavator and cleans the cavity from food debris and soft plaque.
"I need to clean the cavities and treat them with a solution," the doctor warns.

врач.

«Вы будете работать бормашиной?» - спрашивает девушка.

«Нет, сейчас только инструментами», - отвечает стоматолог.

«Теперь нам необходимо очистить корневой канал», - продолжает он.

«Вы будете ставить пломбу?» - уточняет пациентка.

«Да, нужно поставить временную пломбу. Это искусственный дентин», - говорит стоматолог.

«Зачем нужна временная пломба?» - удивляется девушка.

«На нерв мы наносим лекарство. Оно вызывает отмирание нерва. Временная пломба помогает сохранить лекарство в полости зуба, - объясняет врач. - Я обработал ваши зубы и дёсны. Теперь жду Вас в четверг».

«Я могу прийти в среду?» - спрашивает пациентка.

«Нет, к этому времени лекарство ещё не подействует достаточно», - отвечает доктор.

«Я поняла. До свидания», - говорит девушка.

«Всего хорошего», - говорит врач.

"Will you work with a drill?" asks the girl.

"No, just with tools," replies the dentist.

"Now we need to clean the root canal," he continues.

"Will you put in the filling?" asks the patient.

"Yes, we have to put a temporary filling. This is artificial dentin," the dentist says.

"Why do I need a temporary filling?" the girl is surprised.

"We put medicine on the nerve. It causes the nerve to die. The temporary filling helps to keep the medication in the tooth cavity," explains the doctor. "I treated your teeth and gums. I will see you on Thursday."

"Can I come on Wednesday?" asks the patient.

"No, the medication will not work quite yet at that time," answers the doctor.

"I understand. Goodbye," says the girl.

"All the best," the doctor says.

 C

Вопросы к тексту

1. На какое время записана девушка к стоматологу?
2. Что стоит в кабинете?
3. Что стоит возле окна?
4. Что бывает, если не лечить пародонтит?
5. К чему приводят заболевания дёсен?
6. Что обнаруживает стоматолог в двух зубах?
7. Какой снимок нужно сделать?
8. Что нужно, чтобы пломба долго держалась?
9. Где можно сделать снимок?
10. Почему врач не может поставить

Questions about the text

1. When does the girl have an appointment with the dentist?
2. What is in the office?
3. What is near the window?
4. What happens if you do not treat periodontitis?
5. What are the consequences of gum disease?
6. What does the dentist detect in two teeth?
7. What kind of photo is needed to be done?
8. What do we need to do for the filling to hold for a long time?
9. Where can the girl take an X-ray?
10. Why can't the doctor put in a filling?

пломбу?
11. Что разрушает корень зуба и десну?
12. Что бывает, если не удалять зубные отложения?
13. С помощью чего врач чистит межзубные промежутки?
14. Чем врач обрабатывает воспалённую десну?
15. Чем врач чистит кариозную полость?
16. Какую пломбу ставит врач?
17. Зачем нужна временная пломба?

11. What destroys the root of the tooth and the gums?
12. What happens if you do not remove plaque?
13. With what tool does the doctor clean between the teeth?
14. With what does doctor treat inflammation of the gums?
15. With what does the doctor clean the cavity?
16. What kind of filling does doctor put in?
17. Why is a temporary filling needed?

Conjugation of the verb Бежать

Infinitive: бежать *(run)*
Я бегу *(I run)*
Ты бежишь *(you run)*
Он, она, оно бежит *(he, she, it runs)*
Мы бежим *(we run)*
Вы/вы бежите *(you run)*
Они бегут *(they run)*
Например:
Анна бежит домой, а её друзья бегут в университет. *Anna runs home, but her friends run to the University.*

Conjugation of the verb Сидеть

Infinitive: сидеть *(sit)*
Я сижу *(I sit)*
Ты сидишь *(you sit)*
Он, она, оно сидит *(he, she, it sits)*
Мы сидим *(we sit)*
Вы/вы сидите *(you sit)*
Они сидят *(they sit)*
Например:
Ребёнок сидит на маленьком стуле. *A child sits on a small chair.*
Мы иногда сидим здесь. *We sometimes sit here.*

Conjugation of the verb Есть

Infinitive: есть *(eat)*
Я ем *(I eat)*
Ты ешь *(you eat)*
Он, она, оно ест *(he, she, it eats)*
Мы едим *(we eat)*
Вы/вы едите *(you eat)*

Они ед__и__т *(they eat)*
Нап__ри__мер:
Л__е__на ест об__ы__чно на к__у__хне. *Lena usually eats in the kitchen.*
Мы иногд__а__ ед__и__м в каф__е__. *We sometimes eat in the café.*

17

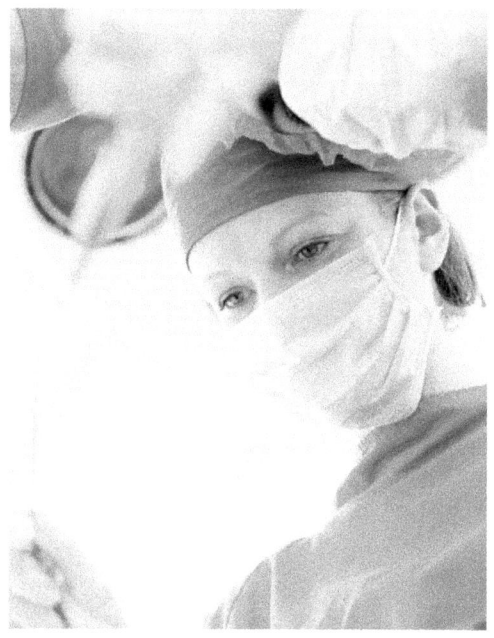

Мне нужна самая хорошая и надёжная пломба
I need the best and the most reliable filling

Слова

1. бинтовой - bandage
2. биологический - biological
3. благодарить - to thank
4. бояться - to fear, to be afraid
5. визит - a visit
6. винир - veneer
7. водород - hydrogen
8. вокруг - around
9. выделять - to allocate, to extract
10. гель - gel
11. гладилка - trowel
12. девушка - girl
13. дешёвый - cheap
14. дорого - expensive
15. дороже - more expensive
16. закладывать - to lay, to put
17. закреплять - to fasten, to attach
18. запломбировать - to put in fillings
19. засвечивать - illuminates
20. застывать - to congeal
21. затвердевать - to harden
22. захотеть - to want
23. истирание - abrasion
24. кислота - acid
25. класс - class
26. композитный - composite
27. компомер - compomer
28. копирка - carbon paper
29. лазер - laser
30. лазерный - laser
31. лишний - extra
32. луч - beam

33. малотоксичный - low-toxic
34. материал - material
35. мешать - to interfere
36. надёжный - reliable
37. надолго - for a long time
38. наступать (о времени) - to come, to arrive
39. нравится - to like
40. ополаскивать - to rinse
41. ормокер - Ormocer
42. отбеливание - whitening
43. отбеливать - to bleach
44. отложить - to postpone, to defer
45. отсутствовать - to miss, to absent
46. перекись - peroxide
47. пластинка - plate
48. пломбировочный - filling
49. поверхность - surface
50. полироваться - to polish
51. попробовать - to try
52. потереть - to rub
53. приготовить - to prepare
54. принести - to bring
55. прогрессивный - progressive, advanced
56. прокладка - lining
57. промывать - to wash
58. прочищать - to clean
59. прочный - durable
60. рад - glad
61. радоваться - to rejoice, to be happy
62. расслабляться - to relax
63. расширять - to expand
64. сверлить - to drill
65. светоотверждающий - light-curing
66. связь - link, feedback
67. сеанс - session
68. смешивать - to mix
69. совместимость - compatibility
70. согласный - agrees
71. соглашаться - to agree
72. содержать - to contain
73. старый - old
74. счёт - account
75. тампон - tampon
76. тщательно - thoroughly
77. укол - injection
78. уплотнять - to compress
79. устойчивый - steady, stable
80. фарфоровый - porcelain
81. формировать - to form
82. фтор - fluoride
83. химический - chemical
84. хуже - worse

B

Наступает время повторного визита в стоматологический кабинет. Девушка заходит в кабинет стоматолога. Кабинет большой и светлый.
«Здравствуйте. Вы отложили карточку?» - спрашивает доктор.
«Да, её сейчас принесут», - говорит пациентка.
«Проходите, садитесь в кресло. Зуб Вас не беспокоил?» - интересуется врач.
«Нет, всё хорошо. Пломбы на месте», - отвечает она.
«Сейчас мы удаляем временные пломбы», - говорит врач.

There comes the time for the follow-up visit to the dental office. The girl walks into the dentist's office. The office is large and bright.
"Hello. Have you ordered your medical record?" asks the doctor.
"Yes, they will bring it now," says the patient.
"Come in, sit in the chair. Has your tooth bothered you?" asks the doctor.
"No, it's okay. The fillings are in place," she says.
"Now we remove the temporary fillings," the doctor says.

«Доктор мне нужно делать обезболивающий укол?» - беспокоится пациентка.
«Нет, это совсем не нужно. Не бойтесь», - успокаивает доктор.
«Хорошо, я постараюсь расслабиться и не переживать», - соглашается она.
Врач берёт пинцет. Он закладывает вокруг зуба бинтовые тампоны.
«Держите рот открытым. С помощью бормашины я удаляю старые пломбы. Это быстро».
Врач промывает ей ротовую полость водой.
«Ополосните рот. Сейчас я удаляю нерв. Вы ничего не почувствуете», - рассказывает доктор.
Он берёт стоматологическое зеркало и осматривает зубы. С помощью стоматологического зонда он прочищает каналы.
«Теперь приступим к пломбированию», - говорит врач.
«Какую пломбу Вы хотите мне поставить?» - спрашивает пациентка.
«Современные пломбы очень надёжны», - говорит доктор.
«Они надолго сохраняют зуб?» - уточняет девушка.
«Да, они прочные. За счёт того, что пломба выделяет фтор, зуб укрепляется под пломбой».
«Мне нужна самая хорошая и надёжная пломба», - уточняет пациентка.
«Я могу Вам предложить пломбу из композитного материала. Она устойчива к истиранию, малотоксичная, но хуже полируется. Она более дешёвая», - рассказывает врач.
«Что ещё Вы можете посоветовать?» - уточняет пациентка.
«Компомеры содержат фтор. Эти пломбы имеют хорошую химическую связь с тканями зуба. Они дороже», - говорит доктор.
«Хорошо, давайте поставим такую пломбу», - соглашается пациентка.
«Мне нужно тщательно очистить и расширить корневой канал», - объясняет врач.
«Вы будете сверлить?» - беспокоится девуш-

"Doctor, do I need an anesthetic injection?" worries the patient.
"No, it's not necessary. Do not be afraid," soothes the doctor.
"Okay, I'll try to relax and not to worry," she agrees.
The doctor takes tweezers. He puts cotton tampons around the tooth.
"Keep your mouth open. I am removing the old fillings using a drill. It's fast."
The doctor washes her mouth with water.
"Rinse your mouth. Now I remove the nerve. You will not feel anything," says the doctor.
He takes a dental mirror and examines her teeth. He clears canals using a dental probe.
"We will now start putting in fillings," the doctor said.
"What kind of a filling do you want to put in?" asks the patient.
"Modern fillings are highly reliable," the doctor says.
"Do they preserve the tooth for a long time?" asks the girl.
"Yes, they are durable. The tooth becomes stronger under the filling because the filling releases fluoride."
"I need the best and the most reliable filling," says the patient.
"I can offer you a filling made of the composite materials. It is resistant to abrasion, low-toxic, but less polished. It is cheaper," says the doctor.
"What else can you recommend?" asks the patient.
"Compomers contain fluoride. These fillings have a good chemical bond to the tooth. They're more expensive," the doctor says.
"Well, let's put in this filling," agrees the patient.
"I need to thoroughly clean the root canal and expand it," explains the doctor.

ка.

«Да, Вам придётся немного потерпеть, - говорит доктор. - Теперь я обрабатываю кариозную полость раствором кислоты».

«Подайте мне инструменты для пломбирования», - просит врач медсестру.

Врач берёт шпатель. Он смешивает пломбировочный материал с лекарственным веществом.

«Сейчас я поставлю прокладку. Теперь можно запломбировать Ваш зуб», - объясняет он.

Врач берёт гладилку и уплотняет пломбировочный материал. Он формирует пломбу.

Врач просит не закрывать рот.

«Попробуйте, Вам не мешает пломба?» - уточняет врач.

«Мешает немного», - говорит пациентка.

«Потрите копирку. Хорошо, теперь я вижу, где нужно удалить лишнее», - продолжает доктор.

«На другой зуб я советую поставить материал ормокер. Он самый дорогой», - советует врач.

«Что это за материал?» - уточняет пациент.

«У него хорошая биологическая совместимость с тканями зуба. Это самый прогрессивный пломбировочный материал. Он относится к классу светоотверждающих материалов», - рассказывает врач.

«Хорошо. Вы можете поставить такую пломбу», - соглашается пациентка.

«Сейчас я положу лекарственную прокладку и приготовлю пломбу», - объясняет врач.

«Она быстро застывает?» - интересуется пациентка.

«Да, она затвердевает почти сразу. Она прочная, - говорит доктор. - Я хочу предложить Вам удалить налёт и отбелить зубы».

«Это долго?» - уточняет она.

«Если Вы захотите поставить виниры, то это занимает много времени», - предупреждает врач.

«Что такое виниры?» - интересуется пациентка.

«Виниры - это фарфоровые пластинки. Их

"You'll be drilling?" worries girl.

"Yes, you have to be a little patient," the doctor says. "Now I treat a cavity with an acid solution."

"Give me the tools for fillings," the doctor asks the nurse.

The doctor takes a spatula. He mixes the filling material with the medication.

"I am putting in the lining. Now I can put a filling in your tooth," he explains.

The doctor takes a trowel and compresses the filling material. He forms the filling. The doctor asks the girl not to close her mouth.

"Try and check, does the filling stick out?" asks the doctor.

"It sticks out a bit," says the patient.

"Rub the carbon paper. Okay, now I see where I need to remove the excess," continues the doctor.

"On your other tooth, I suggest to put the material Ormocer. This is the most expensive," the doctor advises.

"What is this material?" asks the patient.

"It has a good biocompatibility with tooth structure. This is the most advanced filling material. It belongs to the class of light-curing materials," says the doctor.

"OK. You can put in this filling," agrees the patient.

"Now I'll put a medicated lining and prepare the filling," explains the doctor.

"Does it harden quickly?" asks the patient.

"Yes, it hardens almost immediately. It is strong," says the doctor. "I want to suggest that you remove plaque and whiten your teeth."

"How long will it takes?" she clarifies.

"If you want to put in veneers, it takes a long time," the doctor warns.

"What are veneers?" inquires the patient.

"Veneers are porcelain plates. They are attached to the front surface of the tooth,"

закрепляют на передней поверхности зуба», - объясняет врач.
«Нет, виниры - это дорого для меня», - говорит она.
«Я могу предложить Вам лазерное отбеливание зубов», - продолжает доктор.
«Сколько это занимает времени?» - спрашивает девушка.
«Это занимает не больше часа», - отвечает врач.
«Что Вы будете делать?» - интересуется пациентка.
«На каждый зуб я наношу гель перекиси водорода. Потом я засвечиваю каждый зуб лучом лазера», - рассказывает он.
«Это неприятно или больно?» - уточняет пациентка.
«Во время отбеливания практически отсутствует чувствительность зубов», - успокаивает её врач.
«Сколько сеансов нужно пройти?» - интересуется она.
«После одного или двух сеансов у Вас будут белые зубы», - говорит доктор.
«Хорошо. Я согласна сделать это сегодня», - соглашается девушка.
Проходит сеанс отбеливания. Доктор даёт пациентке зеркало. Девушка смотрит на зубы в зеркало.
«Спасибо доктор. Вы сделали мне новые зубы», - благодарит пациентка.
«Я рад, что Вам нравится», - радуется доктор.
«Когда я должна прийти на второй сеанс отбеливания?» - спрашивает пациентка.
«Приходите через неделю», - отвечает врач.
«Хорошо. До свидания», - говорит девушка.

explains doctor.
"No, veneers are too expensive for me," she says.
"I can offer you laser tooth-whitening," continues the doctor.
"How long will it takes?" asks the girl.
"It takes less than an hour," replies the doctor.
"What will you do?" asks the patient.
"I put hydrogen peroxide gel on each tooth. Then I illuminate each tooth with a laser beam," he says.
"Is it unpleasant or painful?" asks the patient.
"During the bleaching, tooth sensitivity is virtually absent," soothes the doctor.
"How many sessions do I need?" she asks.
"After one or two sessions, you will have white teeth," the doctor says.
"Good. I agree to do it today," agrees girl.
The whitening session is over. The doctor gives the patient a mirror. The girl looks at her teeth in the mirror.
"Thank you, Doctor. You gave me new teeth," the patient thanks him.
"I'm glad you like them," says doctor happily.
"When should I come to the second session of whitening?" asks the patient.
"Come back in a week," responds the doctor.
"OK. Goodbye," says the girl.

 C

Вопросы к тексту

1. Какие пломбы удаляет врач?
2. Что врач закладывает вокруг зуба?

Questions about the text

1. What kind of fillings does the doctor remove?

3. Что врач удаляет с помощью бормашины?
4. С помощью чего врач прочищает каналы?
5. Какую пломбу хочет поставить врач?
6. Что выделяет пломба?
7. Какую пломбу может предложить врач?
8. Что содержат компомеры?
9. Чем доктор обрабатывает кариозную полость?
10. С чем врач смешивает пломбировочный материал?
11. Что врач советует поставить на другой зуб?
12. К какому классу материалов относится ормокер?
13. Что такое виниры?
14. Сколько времени занимает лазерное отбеливание?
15. Что наносит врач на каждый зуб?
16. Когда пациентка должна прийти на второй сеанс отбеливания?

2. *What does the doctor put around the tooth?*
3. *What does the doctor remove by drilling?*
4. *With what does the doctor clear the canals?*
5. *What kind of a filling does doctor want to put in?*
6. *What does the filling release?*
7. *What kinds of fillings can the doctor offer?*
8. *What do compomers contain?*
9. *With what does the doctor treat cavity decay?*
10. *With what does the doctor mix filling materials?*
11. *What does the doctor advise to put on another tooth?*
12. *What class of materials is Ormocer?*
13. *What are veneers?*
14. *How long does the laser whitening take?*
15. *What does the doctor put on each tooth?*
16. *When does the patient have to come to the second session of whitening?*

Conjugation of verb Пить

Infinitive: пить *(drink)*
Я пью *(I drink)*
Ты пьёшь *(you drink)*
Он, она, оно пьёт *(he, she, it drinks)*
Мы пьём *(we drink)*
Вы/вы пьёте *(you drink)*
Они пьют *(they drink)*
Например:
Они пьют холодную воду, а моя сестра пьёт горячий чай.
They drink cold water, but my sister drinks hot tea.

18

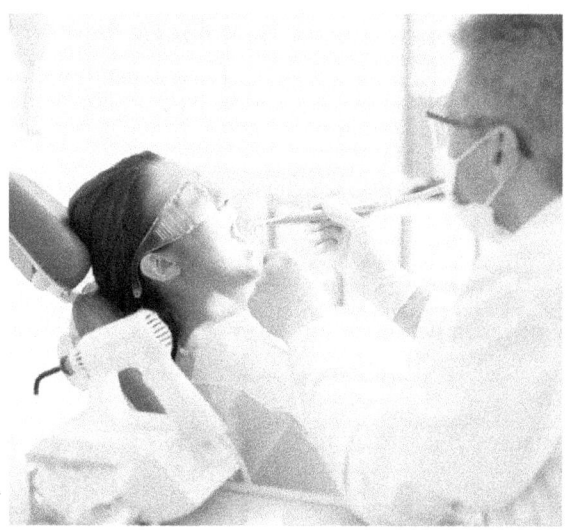

У вас есть аллергия на какие-то препараты?
Are you allergic to any medications?

Слова

1. анестезия - anesthesia
2. гной - pus
3. громко - loud
4. действие - action
5. дотрагиваться - to touch
6. жидкий - liquid
7. заживать - to heal
8. занимать - to take
9. запоминать - to remember
10. какой-то - someone
11. кивать - to nod
12. который - which
13. кушать - to eat
14. местный - loca
15. неужели - really
16. онеметь - to become numb
17. освещение - lighting
18. открытый - outdoor
19. отсутствие - absence
20. оценивать - to assess
21. очаг - center, hearth
22. периодонтит - periodontitis
23. подтвердиться - to confirm
24. постучать - to knock
25. почувствовать - to feel
26. приводить - to lead
27. проверять - to check
28. противоаллергенный - antiallergenic
29. прямой - direct
30. сильный - strong
31. случай - case
32. содовый - soda
33. споласкивать - to rinse
34. стоматолог-хирург - dental surgeon
35. странный - strange

В

Женщина заходит в здание стоматологической клиники. Она обращается в регистратуру.

«Здравствуйте. Я к стоматологу», - говорит она.

«На которое время Вы записаны?» - уточняет ассистент.

«У меня острая боль», - объясняет женщина.

«Тогда проходите без очереди. Я Вас проведу», - говорит ассистент.

Женщина заходит в кабинет стоматолога-хирурга. Кабинет маленький. Здесь хорошее освещение.

«Садитесь в кресло. Открывайте рот», - просит врач.

Доктор берёт стоматологическое зеркало и стоматологический зонд. Рядом лежат щипцы и пинцеты.

«Сейчас я постучу по больному зубу», - предупреждает он.

«Ай, очень больно!» - громко говорит женщина.

«Когда у Вас начал болеть зуб?» - уточняет врач.

«Зуб начал болеть вчера утром. Сначала болел немного, потом сильнее», - рассказывает пациентка.

«Что Вы делали, чтобы успокоить боль?» - уточняет доктор.

«Я принимала обезболивающее и полоскала зуб содовым раствором», - отвечает она.

«Вы всё делали правильно, но это не помогает. У вас гнойный периодонтит», - делает вывод врач.

«Что такое периодонтит?» - спрашивает пациентка.

«Это воспаление в канале корня. В этом случае нужно удалять зуб», - объясняет доктор.

«Неужели его нельзя вылечить?» - беспокоится женщина.

«Уже нельзя. Гной может попасть в кровь», - отвечает стоматолог.

A woman enters a dental clinic building. She goes to the registration desk.
"Hello. I'm here to see a dentist," she says.
"At what time do you have an appointment?" asks an assistant.
"I have an acute pain," explains the woman.
"Then go in without waiting in line. Follow me," says the assistant. The woman walks into the dental surgeon's office. The office is small. There is good lighting.
"Please sit in the chair. Open your mouth," asks the doctor.
The doctor takes a dental mirror and a dental probe. Next to them are forceps and tweezers.
"Now I will knock on the aching tooth," he warns.
"Ouch, very painful!" the woman says loudly.
"When did your tooth start hurting?" asks the doctor.
"The tooth started hurting yesterday in the morning. First, it hurt a little, then more," says the patient.
"What did you do to ease the pain?" asks the doctor.
"I took a pain reliever and rinsed the tooth with soda solution," she says.
"You did everything right, but it does not help. You have purulent periodontitis," concludes the doctor.

"What is periodontitis?" asks the patient.
"It is a root canal inflammation. In this case, your tooth has to be removed," explains the doctor.
"Really? Why can't it be cured?" worries the woman.
"It is impossible by now. Pus may enter the bloodstream," replies the dentist.

Врач выписывает направление на снимок. «Вы должны сделать снимки зуба и вернуться в кабинет. Я должен оценить расположение корней зуба», - продолжает врач.
«Хорошо. А снимки делают быстро?» - спрашивает женщина.
«Да, быстро. Это займёт не больше десяти минут», - говорит доктор.
Через пятнадцать минут пациентка приходит со снимками больного зуба в кабинет.
«Давайте снимки, - просит врач. - Мой диагноз подтвердился».
«Что Вы хотите сказать?» - спрашивает пациентка.
«Зуб придётся удалять. Но Вы не волнуйтесь. Всё пройдёт хорошо», - успокаивает доктор.
«Вам нужно сделать местную анестезию», - предупреждает он.
«Это укол?» - спрашивает пациентка.
«Да, это укол. У вас есть аллергия на какие-то препараты?» - уточняет врач.
«Нет, у меня нет аллергии», - отвечает она.
«Тогда этот новый препарат подойдёт. К тому же он противоаллергенный», - объясняет врач.
Доктор берёт шприц с лекарством. Он просит:
«Откройте широко рот и не закрывайте».
«Боюсь, одного укола будет мало», - волнуется пациентка.
«Не волнуйтесь, мы обязательно проверим отсутствие чувствительности, - говорит ей врач. - Сейчас Вы почувствуете лёгкое онемение в десне. Потом она онемеет полностью. Вы не будете её ощущать».
Врач дотрагивается инструментом до больного зуба и десны.
«Вы что-то ощущаете?» - спрашивает он.
«Нет, я совсем не чувствую свою десну. Очень странное ощущение», - отвечает женщина.
«Тогда я могу начинать. У Вас прямые корни. Всё должно пройти быстро», - говорит врач.
Врач берёт щипцы. Он делает несколько то-

The doctor refers her to perform an X-ray. "You have to take an X-ray of the tooth and return to the office. I have to assess the location of your tooth's root canals," the doctor continues.
"OK. Do they take the X-ray quickly?" the woman asks.
"Yes, quickly. It takes no more than ten minutes," says the doctor.
Fifteen minutes later, the patient comes with an X-ray of the sick tooth to the office.
"Give me the X-ray," asks the doctor. "My diagnosis has been confirmed."
"What do you mean?" asks the patient.
"The tooth has to be removed. But do not worry. Everything will be fine," soothes doctor.
"You need a local anesthesia," he warns.
"Is it a shot?" asks the patient.
"Yes, it's a shot. Are you allergic to any medications?" asks the doctor.
"No, I do not have allergies," she says.
"Then this new medicine will do. Besides, it is antiallergenic," explains the doctor.
The doctor takes a syringe with the medicine. He asks:
"Open your mouth wide and do not shut it."
"I'm afraid that a single injection will not be enough," worries the patient.
"Do not worry, we will test the sensitivity," the doctor tells her. "Now you will feel a slight numbness in the gum. Then it will become completely numb. You will not feel it."
The doctor touches the sick tooth and the gum with a tool.
"Do you feel something?" he asks.
"No, I do not feel my gum at all. A very strange feeling," admits the woman.
"Then I can start. You have direct roots. Everything should go quickly," the doctor says.
The doctor takes the forceps. He makes

ных и резких движений.
«Вот Ваш зуб. Смотрите - это очаг воспаления. Сейчас Вы споласкиваете рот. Я обрабатываю десну. Постарайтесь не говорить. Держите рот открытым», - рассказывает врач. Пациентка кивает головой.
«Когда действие лекарства проходит, может сильно болеть десна. Ткань десны повреждена. Но десна заживает быстро. Через день боль должна пройти», - продолжает объяснять врач.
Доктор наблюдает за состоянием пациентки. «У Вас не кружится голова?» - спрашивает он.
«Нет, голова не кружится», - отвечает женщина.
«Запомните некоторые рекомендации. Не принимайте пищу два - три часа. Ешьте жидкую пищу. Не полощите рот, это может привести к кровоточивости десны», - объясняет врач.
«Спасибо, доктор», - говорит пациентка.
«Выздоравливайте. До свидания», - отвечает доктор.

several accurate and sharp movements.
"Here's your tooth. See this is the center of the inflammation. Now, rinse your mouth. I am treating your gum. Try not to speak. Keep your mouth open," says the doctor. The patient nods.
"When the effects of the medicine stop, the gums may hurt badly. The gum tissue is damaged. But gums heal quickly. The pain should go away a day later," the doctor goes on to explain.
The doctor monitors the condition of the patient.
"Do you feel dizzy?" he asks.
"No, I don't feel dizzy," says a woman.
"Remember some recommendations. Do not eat for two to three hours. Eat liquid food. Do not rinse your mouth, it can lead to bleeding from the gum," explains the doctor.
"Thank you, doctor," the patient says.
"Get well. Goodbye," replies the doctor.

Вопросы к тексту

1. Какое зеркало берёт доктор?
2. Когда у женщины начал болеть зуб?
3. Что она делала, чтобы успокоить боль?
4. Чем она полоскала зуб?
5. Что такое периодонтит?
6. Что должен оценить врач?
7. Через сколько минут приходит пациентка со снимками?
8. У пациентки есть аллергия на препараты?
9. Что она почувствует в десне?
10. Когда может сильно болеть десна?
11. Как заживает десна?
12. Когда должна пройти боль?
13. Сколько времени нельзя принимать пищу?

Questions about the text

1. What kind of mirror does the doctor take?
2. When did the woman's tooth start hurting?
3. What did she do to ease the pain?
4. With what did she rinse the tooth?
5. What is periodontitis?
6. What should the doctor evaluate?
7. After how many minutes did the patient come with the X-ray photo?
8. Does the patient have an allergy to medications?
9. What did she feel in her gum?
10. When may the gum hurt badly?
11. How does the gum heal?
12. When should the pain go away?
13. How long must the patient not eat?

14. Что м<u>о</u>жет привест<u>и</u> к кровоточ<u>и</u>вости десн<u>ы</u>?   *14. What can lead to bleeding of the gum?*

Prepositions of time

Preposition в is used with names of months, days of week and years to designate time or date answering the question Когда? (When?):

В <u>э</u>том год<u>у</u> он раб<u>о</u>тает на <u>э</u>той н<u>о</u>вой ф<u>и</u>рме. *This year he works at this new company.*
В м<u>а</u>е у мен<u>я</u> день рожд<u>е</u>ния. *My birthday is in May.*

Preposition через indicates amount of time before the beginning of an action:

Ч<u>е</u>рез год мы <u>е</u>дем в Росс<u>и</u>ю. *We are going to Russia in a year.*
Ч<u>е</u>рез два час<u>а</u> придёт мой друг. *My friend is coming in two hours.*

Preposition назад means ago. It is always positioned after the noun:

Н<u>е</u>делю наз<u>а</u>д он был в Москв<u>е</u>. *He was in Moscow a week ago.*
Мы в<u>и</u>дели ег<u>о</u> год наз<u>а</u>д. *We saw him a year ago.*

The meaning of около (around) has meanings of near and approximately:

Мой з<u>а</u>втрак дл<u>и</u>тся <u>о</u>коло двадцат<u>и</u> мин<u>у</u>т. *My breakfast usually lasts around twenty minutes.*

The preposition п<u>о</u>сле means after:

П<u>о</u>сле <u>у</u>жина я любл<u>ю</u> смотр<u>е</u>ть телев<u>и</u>зор. *I like watching TV after dinner.*

The preposition до means before or until. It can also mean by:

К<u>а</u>ждое <u>у</u>тро он д<u>е</u>лает заряд<u>к</u>у до з<u>а</u>втрака. *He takes exercises before breakfast every morning.*
Я раб<u>о</u>таю до пят<u>и</u> час<u>о</u>в. *I work till five o'clock.*
Прих<u>о</u>дит Евг<u>е</u>ний дом<u>о</u>й к 7 час<u>а</u>м в<u>е</u>чера. *Yevgeny comes home by 7 o'clock in the evening.*

На протяж<u>е</u>нии (for/during) shows some period of time:

На протяж<u>е</u>нии в<u>е</u>чера он игр<u>а</u>ет на компь<u>ю</u>тере. *He plays computer games during the evening.*

С (since) is used when an action began in the past and continues till the present moment:

С сентябр<u>я</u> он х<u>о</u>дит в шк<u>о</u>лу. *He goes to school since September.*

С ... до ... (from... to...):

Он <u>у</u>жинает со сво<u>е</u>й семьёй с восьм<u>и</u> до девят<u>и</u> час<u>о</u>в. *He has dinner with his family from eight to nine o'clock.*

19

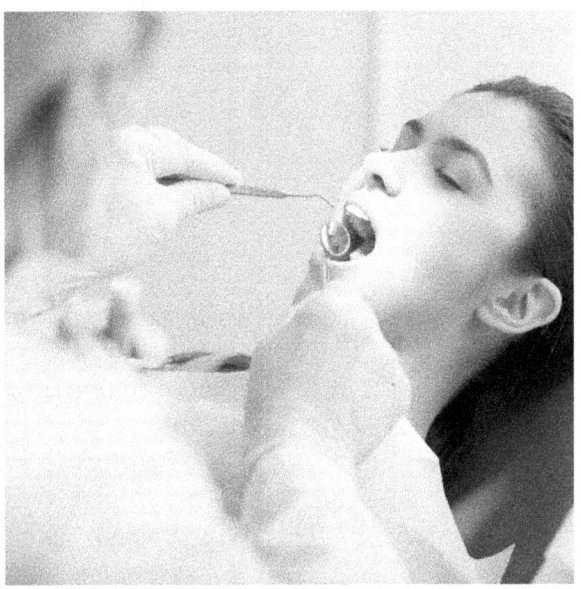

Протезирование
Prosthodontics

A

Слова

1. аттачмен - attachment
2. бюгельный - clasp
3. вживлять - to implant
4. вид - view
5. восковой - wax
6. врач-ортопед (зубной) - orthodontic surgeon
7. гибкий - flexible
8. заниматься - to work
9. заплатить - to pay
10. знать - to know
11. идеальный - perfect
12. изготовление - manufacturing
13. имплантат - implant
14. использование - use
15. кламмер - clasp
16. конструкция - construction, design
17. костный - bone
18. крючок - hook
19. мерка - measurement
20. модель - model
21. натирать - to rub
22. нейлоновый - nylon
23. несъёмный - fixed, non-removable, permanent
24. ночь - night
25. образец - sample
26. обсуждать - discuss
27. обтачивание - turning
28. оставшийся - remaining
29. останавливаться - to stay, to stop
30. отметка - mark
31. отсутствующий - missing
32. плотно - tight

33. потребоваться - to require
34. примерка - fitting
35. примерять - to fit
36. присаживаться - to sit down
37. протез (зубной) - prosthesis, denture (removable)
38. протезирование (зубное) - prosthodontics
39. слепок - cast
40. стена - wall
41. стоматолог-ортопед - orthodontist
42. съёмный - removable
43. требоваться - to require
44. узнавать - to learn
45. устанавливать - to set
46. устраивать - to arrange
47. утверждать - to assert, to confirm
48. челюстной - jaw
49. шаблон - template
50. штифт - pin

B

В стоматологическую клинику заходит женщина и обращается к ассистенту.
«Здравствуйте, я записана на приём к стоматологу-ортопеду», - говорит она.
«На какое время Вы записаны?» - уточняет ассистент.
«Я записана на два часа», - отвечает женщина.
«Присаживайтесь. Вам придётся немного подождать», - просит ассистент.
Пациентку приглашают в кабинет. В кабинете стоит кресло. Рядом стоит столик с инструментами. Возле стены шкаф. В шкафу много образцов и моделей протезов.
«Я должна осмотреть Ваши зубы и челюсть», - говорит врач-ортопед.
«Какую конструкцию вы посоветуете?» - интересуется пациентка.
«Я подбираю такую конструкцию, которая заменит Вам отсутствующий зуб», - уточняет ортопед.
«Она может повредить моим зубам?» - спрашивает женщина.
«Ни в коем случае. Она поможет сохранить оставшиеся зубы надолго», - объясняет доктор.
«Доктор, мне обязательно нужно ставить протез?» - спрашивает пациентка.
«Конечно, это сохранит соседние зубы и будет удобнее для Вас», - отвечает ортопед.
«Это несъёмный протез?» - уточняет паци-

A woman comes into a dental clinic and speaks to the assistant.
"Hello, I have an appointment with the orthodontist," she says.
"At what time is your appointment?" asks the assistant.
"It's at two o'clock," answers the woman.
"Sit down. You'll have to wait a little," says the assistant.
The patient is invited into the office. There is a chair in the office. A table with tools is next to the chair. A cupboard is near the wall. There are many samples and models of prostheses in the cupboard.
"I have to examine your teeth and jaw," says the orthodontist.
"What kind of design do you recommend?" asks the patient.
"I am selecting a design that will replace your missing tooth," says the orthodontist.
"Can it damage my teeth?" the woman asks.
"No way. It will help to keep the remaining teeth intact for a long time," says the doctor.
"Doctor, do I really need to put in the prosthesis?" asks the patient.
"Of course, this will save the adjacent teeth and will be more convenient for you," answers the orthodontist.

ентка.
«Нет, в Вашем случае удобно поставить съёмный протез», - говорит врач.
«Какие протезы Вы посоветуете?» - интересуется пациентка.
«Мы можем поставить бюгельные протезы», - предлагает ортопед.
«Что это такое?» - спрашивает женщина.
«Это съёмный протез на крючках (кламмерах) или замках (аттачменах)», - объясняет врач.
«Что такое имплантаты?» - узнаёт пациентка.
«Это несъёмный протез. Его устанавливают на специальные штифты (имплантаты)», - говорит ортопед.
«Как их устанавливают?» - интересуется женщина.
«Штифты вживляют в костную челюстную ткань», - объясняет доктор.
«Нет, мне это не подходит», - говорит пациентка.
Врач берёт в руки модель нейлонового протеза. Он лёгкий.
«Я могу предложить Вам нейлоновые протезы», - показывает врач.
«Я не знаю о таких протезах, расскажите», - просит пациентка.
«У нейлоновых протезов идеальная биологическая совместимость», - говорит ортопед.
«Для этого требуется обтачивание соседних зубов?» - уточняет пациентка.
«Нет, для этого вида протезирования обтачивание зубов не требуется», - отвечает доктор.
«Они удобны в использовании?» - спрашивает женщина.
«Да, нейлоновые протезы очень удобные в использовании, лёгкие и гибкие. Этот протез не нужно снимать на ночь», - объясняет ортопед.
«Они натирают десну?» - беспокоится пациентка.

"Is this a non-removable prosthesis?" asks the patient.
"No, in your case it is better to put in dentures," the doctor says.
"What kind of dentures do you recommend?" asks the patient.
"We can supply clasp prostheses," suggests the orthodontist.
"What is that?" the woman asks.
"It is a removable prosthesis on hooks (clasps) or locks (attachments)," explains the doctor.
"What are implants?" asks the patient.
"That is a fixed prosthesis. It is set on special pins (implants)," says the orthodontist.

"How is it installed?" asks the woman.

"The pins are implanted in the jaw bone tissue," explains the doctor.
"No, that doesn't work for me", says the patient.
The doctor takes his nylon prosthesis model. It is lightweight.
"I can offer you nylon dentures," shows the doctor.
"I do not know about these prostheses, tell me about them," asks the patient.
"Nylon prostheses have ideal biocompatibility," says the orthodontist.

"Will you need to file the adjacent teeth?" asks the patient.
"No, for this kind of prosthetic teeth don't need to be filed," replies the doctor.

"Are they easy to use?" the woman asks.
"Yes, nylon dentures are very easy to use. They are lightweight and flexible. You don't need to remove this prosthesis at night," explains the orthodontist.
"Do they rub the gum?" worries the patient.
"They do not rub the gum and are unno-

«Они не натирают десну и невидимы во рту. Они особенно удобны для тех, кто занимается спортом», - говорит врач.
«Я думаю остановиться на этом виде протеза», - подтверждает она.
«Кроме того, он плотно прилегает к десне. При необходимости его можно снять», - рассказывает врач.
«Да, это удобно. Меня всё устраивает», - соглашается она.
«Я должна Вас предупредить, что нейлоновый протез дорогой», - говорит ортопед.
«Да, это дорого. Но если он удобный и хороший, я готова заплатить, - утверждает пациентка. - Сколько времени занимает его изготовление?»
«Это занимает около недели», - отвечает врач.
Ортопед и пациентка обсуждают этапы изготовления нейлонового протеза.
«Когда Вы можете снять мерки?» - спрашивает женщина.
«Уже сегодня мы можем снять мерки», - предлагает доктор.
«Сколько раз я должна приходить на примерку?» - уточняет пациентка.
«Сначала мы изготавливаем восковый шаблон, после этого гипсовый слепок. И уже потом делается протез. Восковые шаблоны делаются два дня», - объясняет врач.
«Я должна их примерять?» - спрашивает женщина.
«Да, Вам нужно прийти через два дня на примерку», - говорит врач.
Повторный приём у врача-ортопеда. Восковый шаблон готов.
«Хорошо, что Вы пришли сегодня. Садитесь в кресло. Открывайте рот», - просит врач.
Врач берёт восковой шаблон и примеряет.
«Вам удобно? Вы должны его прочувствовать», - говорит доктор.
«Всё хорошо, мне ничего не мешает», - отвечает пациентка.

ticeable in the mouth. They are especially suitable for those who are involved in sports," the doctor says.
"I think I will pick this type of prosthesis," she confirms.
"In addition, it fits tightly to the gum. If necessary, it can be removed," says the doctor.
"Yes, it's convenient. I am satisfied with it," she agrees.
"I must warn you that the nylon prosthesis is expensive," says orthodontist.
"Right, it's expensive. But if it's comfortable and good, I'm ready to pay," confirms the patient. "How long does it take to manufacture?"
"It takes about a week," responds the doctor.
The orthopedist and the patient discuss the stages of manufacturing of the nylon prosthesis.
"When can you take my measurements?" the woman asks.
"We can take your measurements right now," the doctor suggests.
"How many times do I have to come in for a fitting?" asks the patient.
"First, we produce a wax pattern, then a plaster cast. And then later the prosthesis is made. Wax patterns are made within two days," the doctor explains.
"Do I have to try them?" the woman asks.
"Yes, you need to come two days later for a fitting," the doctor says.
It's the follow-up visit at the orthodontist's. The wax pattern is ready.
"It's good that you've come today. Please sit in the chair. Open your mouth," asks the doctor.
The doctor takes the wax pattern and fits it.
"Are you comfortable? You have to feel it," he says.
"Everything is OK, nothing bothers me," the patient responds.

«Теперь мы можем отдать мерки в лабораторию», - говорит врач и делает отметки на шаблоне и в карточке.
«Теперь можно делать протез?» - уточняет женщина.
«Ещё нет, теперь нужно делать гипсовый слепок. Он может быть готов уже через несколько дней», - объясняет ортопед.
«Когда будет готов протез?» - интересуется пациентка.
«На это потребуется около недели, - отвечает врач. - Жду Вас на примерку через три дня».
«Хорошо, я обязательно приду. До свидания», - говорит женщина и выходит из кабинета.

"Then we can send the measurements into the laboratory," the doctor says, and makes some marks on the template and in the medical record.
"Can you make the prosthesis now?" asks the woman.
"Not yet, now I need to make a plaster cast. It should be ready in a few days," explains the orthodontist.
"When will the prosthesis be ready?" asks the patient.
"It will take about a week," responds the doctor.
"You have to come to a fitting in three days."
"Good, I will definitely come. Goodbye," says the woman and walks out of the office.

Вопросы к тексту

1. На какое время записана женщина?
2. Что стоит в кабинете?
3. Что стоит возле стены?
4. Где много образцов и моделей протезов?
5. Какую конструкцию подбирает ортопед?
6. Какой протез удобно поставить?
7. Какие протезы предлагает поставить ортопед?
8. Что такое бюгельные протезы?
9. Что такое имплантаты?
10. Как устанавливают имплантаты?
11. Что берёт в руки врач?
12. Для кого удобны нейлоновые протезы?
13. Сколько времени занимает изготовление протеза?
14. Когда доктор может снять мерки?
15. Куда отдают мерки?

Questions about the text

1. At what time does the woman have an appointment?
2. What is in the office?
3. What is near the wall?
4. Where are there many samples and models of prostheses?
5. What design does the orthodontist pick?
6. What kind of prosthesis is convenient to put on?
7. What kind of prostheses does the orthodontist offer?
8. What are clasp prostheses?
9. What are implants?
10. How are implants set?
11. What does the doctor take?
12. For whom are nylon dentures comfortable?
13. How long does it takes to manufacture the prosthesis?
14. When can the doctor take measurements?
15. Where are the measurements sent?

D

Telling time

There are several ways to ask time:

Ск<u>о</u>лько вр<u>е</u>мени? *(What time is it?)*
Кот<u>о</u>рый час? *(What time is it?)*
Скаж<u>и</u>те, пож<u>а</u>луйста, ск<u>о</u>лько вр<u>е</u>мени? *Could you tell the time, please?*
Извин<u>и</u>те, Вы не ск<u>а</u>жете кот<u>о</u>рый час? *Excuse me, could you tell me what time it is?*
Сейч<u>а</u>с час. *It's one o'clock.*
Сейч<u>а</u>с два час<u>а</u>. *It's two o'clock.*
Сейч<u>а</u>с три час<u>а</u>. *It's three o'clock.*
Сейч<u>а</u>с чет<u>ы</u>ре час<u>а</u>. *It's four o'clock.*
Сейч<u>а</u>с пять час<u>о</u>в. *It's five o'clock.*
Сейч<u>а</u>с шесть час<u>о</u>в. *It's six o'clock.*
Сейч<u>а</u>с семь час<u>о</u>в. *It's seven o'clock.*
Сейч<u>а</u>с в<u>о</u>семь час<u>о</u>в. *It's eight o'clock.*
Сейч<u>а</u>с д<u>е</u>вять час<u>о</u>в. *It's nine o'clock.*
Сейч<u>а</u>с д<u>е</u>сять час<u>о</u>в. *It's ten o'clock.*
Сейч<u>а</u>с од<u>и</u>ннадцать час<u>о</u>в. *It's eleven o'clock.*
Сейч<u>а</u>с двен<u>а</u>дцать час<u>о</u>в. *It's twelve o'clock.*
Наприм<u>е</u>р:
<u>А</u>нна прид<u>ё</u>т в семь час<u>о</u>в. *Ann is coming at seven o'clock.*
Евг<u>е</u>ний вста<u>ё</u>т в чет<u>ы</u>ре час<u>а</u>. *Yevgeny gets up at four o'clock.*
Мин<u>у</u>ты:
одн<u>а</u> мин<u>у</u>та *(one minute)*
две мин<u>у</u>ты *(two minutes)*
три мин<u>у</u>ты *(three minutes)*
чет<u>ы</u>ре мин<u>у</u>ты *(four minutes)*
пять мин<u>у</u>т *(five minutes)*
шесть мин<u>у</u>т *(six minutes)*
д<u>е</u>сять мин<u>у</u>т *(ten minutes)*
пятн<u>а</u>дцать мин<u>у</u>т *(fifteen minutes)*
дв<u>а</u>дцать мин<u>у</u>т *(twenty minutes)*
Сейч<u>а</u>с пять час<u>о</u>в д<u>е</u>сять мин<u>у</u>т. *It's ten past five.*
Мой раб<u>о</u>чий день начин<u>а</u>ется в шесть час<u>о</u>в пятн<u>а</u>дцать мин<u>у</u>т. *My working day starts at quarter past six.*

When less than half an hour remains till the beginning of a certain hour, you say без + the number of minutes remained + мин<u>у</u>ты/мин<u>у</u>т + the hour that will come. You can leave мин<u>у</u>ты/мин<u>у</u>т out:

Сейч<u>а</u>с без десят<u>и</u> (мин<u>у</u>т) в<u>о</u>семь. *It is ten to eight.*
Сейч<u>а</u>с без пятн<u>а</u>дцати (мин<u>у</u>т) од<u>и</u>ннадцать. *It is fifteen to eleven.*

In the first half of an hour you say the number of minutes passed + мин<u>у</u>ты/мин<u>у</u>т + the next hour. You cannot leave мин<u>у</u>ты/мин<u>у</u>т out:

Сейч<u>а</u>с пять мин<u>у</u>т п<u>е</u>рвого. *It is five past twelve.*
Сейч<u>а</u>с дв<u>а</u>дцать три мин<u>у</u>ты п<u>я</u>того. *It is twenty three minutes past four.*

Instead of тр<u>и</u>дцать мин<u>у</u>т you can use полов<u>и</u>на or пол- + час<u>а</u> - *half an hour*. Instead of пятн<u>а</u>дцать мин<u>у</u>т you can use ч<u>е</u>тверть - *quarter*:

Сейч<u>а</u>с полов<u>и</u>на втор<u>о</u>го. *It is half past one.*
Сейч<u>а</u>с пол-седьм<u>о</u>го. *It is half past six.*
Сейч<u>а</u>с без ч<u>е</u>тверти д<u>е</u>сять. *It is quarter to ten.*
Сейч<u>а</u>с ч<u>е</u>тверть п<u>я</u>того. *It is quarter past four.*

20

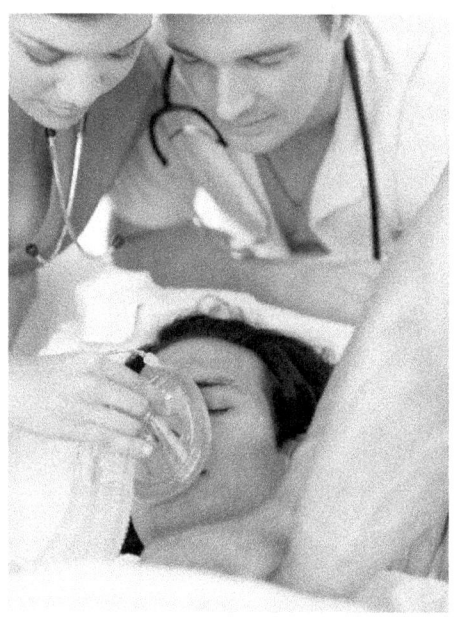

Мне в руку попал осколок стекла
I got a piece of glass in my hand

Слова

1. антисептик - antiseptic
2. возможный - possible
3. дезинфицировать - to disinfect
4. долг - debt
5. игла - needle
6. иглодержатель - needle holder
7. извлекать - extract
8. исключено - rule out, exclude
9. лигатурный - ligature
10. лигировать - ligate
11. надрез - incision
12. наложить - to apply
13. оставаться - to stay
14. останавливать - to stop
15. пара - couple
16. первый - first
17. посидеть - to sit
18. поэтому - so, therefore
19. провожать - to escort
20. рана - wound
21. сильнее - stronger
22. собираться - to plan (to do something)
23. спирт - rubbing alcohol
24. стекло - glass
25. сутки - a day, 24 hours
26. травмировать - to hurt
27. увидеть - to see
28. шов - suture, stitch
29. шприц - syringe
30. эластичный - elastic

В

«У Вас кровь. Скорее проходите к хирургу, - говорит медсестра. - Что случилось?»
«Мне в руку попал осколок стекла», - отвечает мужчина.
Мужчина заходит в кабинет хирурга.
«Положите руку на стол», - просит врач.
Он дезинфицирует повреждённое место. Он обрабатывает повреждённый участок спиртом. Врач берёт скальпель и быстрым движением делает надрез.
«Ай, как же больно!» - вскрикивает мужчина.
«Потерпите, сейчас не стоит делать анестезию», - успокаивает хирург.
Хирург берёт пинцет и извлекает осколок из раны.
«Потерпите, сейчас я удаляю осколок. Вам станет легче», - успокаивает врач.
«Кровь идёт ещё сильнее», - переживает мужчина.
«Наверное Вы боитесь крови, но так и должно быть. Сосуды повреждены и открыты», - объясняет врач.
Медсестра подаёт лоток со стерильными инструментами и тампонами. Врач берёт раствор перекиси водорода и обрабатывает рану тампоном.
«Теперь нужно остановить кровь и тщательно осмотреть рану», - добавляет врач.
«Вы думаете, там могут остаться осколки?» - спрашивает мужчина.
«Да, осколки там могут остаться. Это не исключено», - отвечает доктор.
«Да, стекло очень трудно увидеть», - соглашается мужчина.
«Поэтому сейчас я делаю всё возможное. Но вам придётся сделать УЗИ мягких тканей», - добавляет врач.
«Если осколок не беспокоит, его нужно удалять?» - уточняет больной.
«Если остаётся осколок, это может вызвать воспаление и болевые ощущения», -

"You are bleeding. Go to the surgeon quickly," says the nurse. "What happened?"
"I got a piece of glass in my hand," answers the man.
The man comes into the surgeon's office.
"Put your hand on the table," asks the doctor.
He disinfects the injured area. He treats the injured area with alcohol. The doctor takes a scalpel and makes an incision with a quick movement.
"Oh, how it hurts!" the man screams.
"Hold on, it is not worth it to do anesthesia now," soothes the surgeon.
The surgeon takes tweezers and removes the glass shard from the wound.
"Hold on, now I remove the glass shard. You'll feel better," soothes doctor.
"The bleeding is even stronger," the man worries.
"Perhaps you are afraid of blood, but that's how it should be. The vessels are damaged and open," explains the doctor.
The nurse hands him a tray with sterile instruments and tampons. The doctor takes the hydrogen peroxide solution and treats the wound with the tampon.
"Now I need to stop the bleeding and carefully examine your wound," adds the doctor.
"Do you think there may still remain some shards?" the man asks.
"Yes, there may remain some shards. It is not ruled out," responds the doctor.
"Yes, glass is very difficult to see," the man agrees.
"So now I'm doing my best. But you have to do an ultrasound of soft tissue," the doctor adds.
"If the shard does not hurt, should it be removed?" asks the patient.
"If there is a shard, it can cause inflammation and pain," explains the doctor.

объясняет доктор.
«Мне нужно сделать УЗИ сейчас?» - спрашивает мужчина.
«Конечно, это нужно сделать сразу. Затем я наложу швы», - говорит хирург.
«Где я могу сделать УЗИ?» - уточняет больной.
«Медсестра Вас проводит», - говорит врач.
Медсестра провожает больного в кабинет УЗИ. Кабинет на первом этаже. В кабинете новое оборудование. Там принимает специалист УЗИ и ассистент.
«Садитесь и давайте руку», - просит ассистент. Специалист УЗИ проводит диагностику.
Больной возвращается в кабинет хирурга. Он отдаёт снимок. Врач рассматривает снимок.
«Хочу Вас успокоить. Осколков больше нет, - утверждает хирург. - Принесите мне стерильные инструменты».
Медсестра приносит инструменты.
«Доктор, Вы сделаете мне укол?» - спрашивает мужчина.
«Конечно, я обработаю рану антисептиком и сделаю Вам укол», - успокаивает врач.
Врач берёт шприц и проводит анестезию.
«Я уже чувствую онемение», - говорит больной.
«Хорошо. Но нужно подождать ещё пять минут», - объясняет доктор.
Врач берёт лигатурную иглу.
«У Вас повреждены два сосуда. В первую очередь нужно лигировать сосуды», - говорит врач. Он делает манипуляции. Врач просит подать хирургическую иглу, иглодержатель и пинцет.
«Я быстро нанесу швы. Вы не почувствуете боли», - успокаивает хирург.
«А потом рана будет сильно болеть?» - беспокоится мужчина.
«Нет, у Вас небольшой шов. Он быстро заживёт, - отвечает доктор. - Вот и всё. Теперь посидите пару минут».

"Do I need to do an ultrasound right now?" the man asks.
"Of course, it should be done immediately. Then I will put in sutures," says the surgeon.
"Where can I do an ultrasound?" asks the patient.
"The nurse will escort you," the doctor says. The nurse accompanies the patient to the ultrasound office. The office is on the ground floor. There is new equipment in the office. The ultrasound specialist and an assistant work there.
"Sit down and give me your hand," requests the assistant. The specialist performs the ultrasound.
The patient returns to the surgeon's office. He gives him the ultrasound image. The doctor examines the image.
"I want to reassure you. There are no more shards," confirms the surgeon. "Bring me the sterile instruments."
The nurse brings in instruments.
"Doctor, will you give me a shot?" the man asks.
"Of course, I will treat your wound with antiseptic and will give you a shot," soothes the doctor.
The doctor takes a syringe and administers anesthesia.
"I already feel numbness," says the patient.
"Good. But you need to wait another five minutes," explains the doctor.
The doctor takes a ligature needle.
"You have two damaged vessels. The first thing is to ligate the vessels," the doctor says. He makes manipulations. The doctor asks the nurse to give him a surgical needle, a needle holder, and tweezers.
"I'll put in sutures quickly. You will not feel any pain," soothes surgeon.
"Will the wound hurt badly later?" worries the man.
"No, you have a small suture. It will heal quickly," replies the doctor. "That's it. Now

«Что Вы собираетесь делать теперь?» - уточняет больной.
«Сейчас я нанесу на шов мазь. Она хорошо помогает при заживлении», - рассказывает доктор.
«Я должен наносить мазь дома?» - спрашивает мужчина.
«Наносить мазь нужно два раза в сутки до полного заживления, - объясняет врач. - Теперь сделаем перевязку.»
Хирург берёт мягкий эластичный бинт. «Этот бинт не травмирует и не раздражает кожу при движении», - говорит он.
«Где я могу купить такой же?» - спрашивает больной.
«Вы можете купить такой же в аптеке, - отвечает врач. - Не забудьте, ещё Вам нужно приобрести мазь».
«Сколько раз нужно делать перевязку?» - уточняет больной.
«Вам нужно делать перевязку два раза в день, а по мере выздоровления один раз в день», - объясняет хирург.
«Спасибо, доктор. Вы мне очень помогли», - говорит мужчина.
«Конечно. Это мой долг. Выздоравливайте и будьте аккуратны», - отвечает врач.
«Обязательно. До свидания», - говорит мужчина.

sit for a couple of minutes."
"What are you going to do now?" asks the patient.
"Now I'll put an ointment on the suture. It is very good for healing," says the doctor.
"Do I have to apply the ointment at home?" the man asks.
"You need to apply the ointment twice a day until the healing is complete," explains the doctor. "Now let's put on a bandage."
The surgeon takes a soft elastic bandage.
"This bandage does not hurt or irritate the skin when you move," he says.
"Where can I buy the same one?" asks the patient.
"You can buy the same one at the pharmacy," responds the doctor. "Do not forget, you need to buy the ointment as well."
"How many times do I need to change the bandage?" asks the patient.
"You need to change the bandage twice a day, and later once a day as you get better," explains the surgeon.
"Thank you, doctor. You helped me a lot," the man says.
"Of course. It is my duty. Get well and be careful," resplies the doctor.
"For sure. Goodbye," says the man.

C

Вопросы к тексту

1. Что попало в руку мужчине?
2. Что дезинфицирует врач?
3. Чем врач обрабатывает повреждённый участок?
4. Что извлекает из раны хирург?
5. Что подаёт медсестра?
6. Какое УЗИ нужно сделать?
7. Где находится кабинет УЗИ?
8. Кто принимает в кабинете УЗИ?

Questions about the text

1. What got in the man's hand?
2. What does the doctor disinfect?
3. With what does the doctor treat the injured area?
4. What does the surgeon extract from the wound?
5. What does nurse hand to the doctor?
6. What kind of an ultrasound should be done?
7. Where is the ultrasound office?
8. Who works in the ultrasound office?

9. Что просит подать врач?
10. Что наносит на шов доктор?
11. Сколько раз нужно наносить мазь?
12. Какой бинт берёт врач?
13. Сколько раз нужно делать перевязку?

9. What does the doctor ask the nurse to give him?
10. What does the doctor apply to the suture?
11. How many times does the man need to apply the ointment?
12. What kind of a bandage does the doctor take?
13. How many times does the man need to change the bandage?

D

Active participle (Present)

Adjectives are used to describe certain qualities and features of objects: любимая вышивка *(favorite embroidery)*, свободное время *(free time)*. If you talk about a quality or a feature that depends on an action, you need to use participles: читающий студент *(a reading student)*, играющая девочка *(a playing girl)*. The participle is a special form of the verb that combines the qualities of verbs and adjectives. Participle has qualities of verb (tense, aspect, voice). Participle also has qualities of adjective (gender, number, case). Participles have typical adjectival endings: - ущ, -ющ, -ащ,-ящ.

Писать - пишущий человек (to write - a writing man)
Думать - думающий студент (to think - a thinking student)
Кричать - кричащий ребёнок (to scream - a screaming child)
Любить - любящий муж (to love - a loving husband)
Я вижу играющего ребёнка. *I see a playing child.*
Там сидят читающие студенты. *There are some reading students sitting over there.*
Active participles have three genders:
Masculine: пишущий мальчик *(a writing boy)*
Feminine: пишущая девочка *(a writing girl)*
Neuter: играющее дитя *(a playing baby)*
Active participles have two numbers:
Singular: работающий человек *(a working person)*
Plural: работающие люди *(working people)*

21

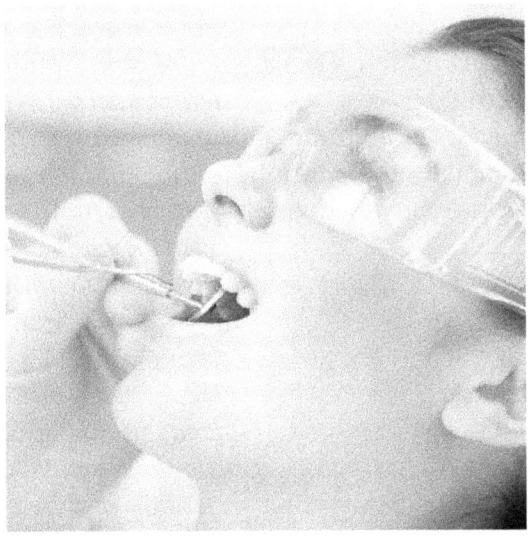

Позвоните нам, чтобы записаться на пломбирование второго зуба
Call us to make an appointment for your second tooth

A

Слова

1. вверху - above
2. загрязнённость - clogging
3. записывать - to record, to write down
4. знак - sign
5. лампа - lamp
6. насадка - nozzle, head
7. пломбирование - to put in a filling
8. подготавливать - to prepare
9. позвонить - to call
10. расположение - location
11. рассверливать - to drill
12. слой - layer
13. согласие - agreement
14. спереди - in front
15. столик - table
16. стучать - to knock
17. фотокомпозит - photo-composite

B

Из кабинета выходит медсестра и приглашает следующего пациента.
«Кто записан на одиннадцать, проходите», - говорит она.

A nurse comes out of the office and invites the next patient in.
"Whoever has an appointment at eleven o'clock can come in," she says.

Мужчина заходит в кабинет. Кабинет большой и светлый. В кабинете много оборудования. Там стоит два стоматологических кресла.

«Присаживайтесь в кресло,- говорит доктор. - На что Вы жалуетесь?»

Мужчина садится в кресло и рассматривает инструменты. Вверху большая лампа. Слева стоит столик с инструментами. На нём лежат стоматологическое зеркало, зонд, пинцет, экскаватор, шпатели, гладилки, кюрета и скалер. Спереди стоят стоматологические насадки для бормашины.

«У меня болит зуб. Вот этот», - отвечает мужчина.

Врач - женщина. Она берёт стоматологическое зеркало, стоматологический зонд и осматривает ротовую полость.

«Да, я вижу. В этом верхнем зубе у Вас кариес средней степени. Его нужно запломбировать».

Врач проверяет болевую чувствительность, расположение нерва к поверхностным слоям зуба, загрязнённость каналов.

«Здесь больно? Когда я стучу по зубу, Вам больно?»

«Почти не больно», - отвечает мужчина.

«Хорошо. Значит, Вы обратились вовремя. Пломба сохранит Ваш зуб на много лет», - объясняет доктор.

«Доктор, Вы можете осмотреть все мои зубы? Какие зубы ещё требуют лечения?» - спрашивает пациент.

«Конечно, я обязательно всё осмотрю,- говорит врач. - Этот зуб немного повреждён. Его тоже можно запломбировать».

Доктор берёт пинцет и обрабатывает десну раствором. С помощью стоматологического зонда она проверяет степень повреждения зуба. Она берёт экскаватор и чистит кариозную полость. Врач удаляет старую пломбу и рассверливает зубной канал.

«Сейчас я удаляю зубные отложения», - говорит врач. Она берёт кювету и удаляет

A man comes into the office. The office is large and bright. A lot of equipment is in the office. There are two dental chairs.

"Sit down in a chair," says the doctor. "What are your complaints?"

The man sits in a chair and look at the tools. Above his head is a big lamp. To the left of him is a table with tools. There are a dental mirror, a probe, tweezers, an excavator, spatulas, trowels, a curette, and a scaler. In front of them are dental drill heads.

"I have a toothache. This tooth hurts," answer the man.

A woman doctor takes a dental mirror, a dental probe and inspects the man's oral cavity.

"Yes, I see. You have a medium degree of decay in this upper tooth. It needs a filling."

The doctor checks for sensitivity to pain, the location of the nerve in relation to the surface layers of the tooth, and clogging of the channels.

"Does it hurt here? Does it hurt when I knock on the tooth?"

"It almost doesn't hurt," the man responds.

"Good. So you came just in time. The filling will keep your tooth intact for many years," explains the doctor.

"Doctor, can you examine all of my teeth? What other teeth also require a treatment?" asks the patient.

"Of course, I certainly will examine all of them," the doctor says. "This tooth is slightly damaged. It also could use a filling."

The doctor takes tweezers and treats the gum with a solution. She examines the damage to the tooth, using a dental probe. She takes the dental excavator and cleans the cavity. The doctor removes an old filling, and drills down the root canal.

"I am removing plaque," the doctor says. She takes a curette and removes the plaque. "Keep your mouth open. I am putting in the

зубные отложения.

«Держите рот открытым. Сейчас я ставлю прокладку. И через несколько минут ставлю пломбу, - объясняет врач. - Какую пломбу Вы хотите поставить? Есть пломбы из фотокомпозита и компомера. Я советую компомер. Он содержит фтор».

Пациент кивает в знак согласия.

«Подготовьте мне материал», - обращается врач к медсестре.

Врач берёт шпатель и наносит пломбировочный материал. Она берёт гладилку и уплотняет пломбировочный материал.

«Теперь попробуйте, Вам не мешает пломба?» - просит врач.

«Мешает немного», - говорит пациент.

«Хорошо, сейчас я положу на зуб копирку, а потом удалю лишнее», - говорит врач. «Теперь с помощью скалера мы почистим межзубные промежутки», - продолжает она.

«Спасибо, доктор, за лечение», - говорит мужчина.

«Позвоните нам, чтобы записаться на пломбирование второго зуба», - говорит врач.

lining. And a few minutes later we will put in the filling," explains the doctor. "What kind of a filling do you want to put in? There are fillings made out of photo-composite and compomer. I recommend compomer. It contains fluorine."

The patient nods in agreement.

"Prepare the material," the doctor turns to the nurse.

The doctor takes a spatula and applies the material. She takes a trowel and compacts the material.

"Now try it. Does the filling stick out?" asks the doctor.

"It does a bit," the patient says.

"Okay, now I'll put carbon paper on the tooth, and then remove the excess," the doctor says. "Now, we will clean interdental spaces with a scaler," she continues.

"Thank you, doctor, for the treatment," says the man.

"Call us to make an appointment for your second tooth," the doctor says.

Вопросы к тексту

1. Что стоит в кабинете?
2. Что находится слева?
3. Что лежит на столе?
4. Какой кариес в верхнем зубе?
5. Что проверяет врач?
6. Что она проверяет с помощью стоматологического зонда?
7. Чем врач удаляет зубные отложения?
8. Какой материал советует врач?
9. Что содержит компомер?
10. С помощью чего врач чистит межзубные промежутки?

Questions about the text

1. What is in the office?
2. What is on the left?
3. What is on the table?
4. What kind of decay is in the upper tooth?
5. What does the doctor examine?
6. What does she examine with a dental probe?
7. With what does doctor remove the plaque?
8. Which material does the doctor suggest?
9. What does compomer contain?
10. With what does the doctor clean interdental spaces?

Russian-English dictionary

адрес - address
ай - Ah, ouch
АКДС (Адсорбированная коклюшно-дифтерийно-столбнячная) - DTP (Adsorbed pertussis-diphtheria-tetanus)
аккуратный - careful
активность - activity
активный - active
аллергический - allergic
аллергия - allergy
аллерголог - allergist
анализ - test, analysis
анамнез - history
анатомический - anatomical
ангина - tonsillitis
анестезия - anesthesia
антибактериальный - antibacterial
антибиотик - antibiotic
антисептик - antiseptic
апатия - apathy
аппарат - device
аптека - pharmacy
артериальный - arterial
артерия - artery
архив - archive
аспиратор - aspirator
ассистент - assistant
атлас - atlas
аттачмен - attachment
бабушка - grandmother
бандаж - surgical corset
банк - bank
бегать - to run
бедро - thigh
без - without
безболезненный - painless
безвредный - harmless
безымянный - ring finger
белый - white
бесконтактный - contact-free
беспокойство - worry
беспокоить - to bother

беспокоиться - to worry
бинт - bandage
бинтовой - bandage
биологический - biological
благодарить - to thank
бок - side
болевой - related to pain
более - more
болезненно - painful
болезненный - painful
болезнь - illness, sickness
болеть - to be sick, to be ill
боль - pain
больница - hospital
больничный - sick-leave
больно - painful
больной - patient
больше - more
большой - big
бормашина - (dental) drill
бояться - to fear, to be afraid
брать - to take
бровь - eyebrow
бронхи - bronchi
бросать - to stop
брюшной - abdominal
будет - will be
бы - would
быстрее - faster
быстро - quick, fast
быстрый - fast, quick
быть - to be
бюгельный - clasp
в - in
вакцина - vaccine
вакцинация - vaccination
варикозный - varicose
вата - cotton wool
ваш / ваша / ваше / ваши - your / yours
введение - application
вверху - above
вводить - to insert

веко - eyelid
вена - vein
вернуться - to return
верхний - upper
вес - wight
вести - to lead
весь - all
вечер - evening
вещество - substance
вживлять - to implant
взять - to take
вид - view
видеть - to see
визит - a visit
винир - veneer
витамин - vitamin
включать - to include
внешний - outer
внизу - below
внимание - attention
внимательнее - carefully, attentively
внимательный - attentive, careful
внутренний - internal
внутривенный - intravenous
внутриглазной - intraocular
во - in
вовремя - during
вода - water
водород - hydrogen
возвращаться - to return
воздух - air
возле - near
возможно - possible
возможный - possible
вокруг - around
волноваться - to be worried, anxious
волосы - hair
воронка - speculum
восемь - eight
восковой - wax
воспаление - inflammation
воспалённый - inflammation
воспалительный - inflammatory
вот - here

впервые - first
врач - doctor, physician
врач-дерматолог - dermatologist
врач-невропатолог - neurologist
врач-ортопед (зубной) - orthodontic surgeon
врач-офтальмолог - ophthalmologist
врач-педиатр - pediatrician
врач-рентгенолог - radiologist
врач-уролог - urologist
врач-эндокринолог - endocrinologist
вред - harm, damage
временный - temporary
время - time
всё - all
вскрикнуть - to scream
вспоминать - to recall, to remember
встречать - to meet
вторник - Tuesday
второй - second
вчера - yesterday
вы - you (formal)
выведение - bringing out, taking out
вывод - conclusion
выводить - to bring out, to take out
выдать - to give
выделять - to allocate, to extract
выздоравливать - to recover
выздоровление - recovery
вызывать - to call
вылечивать - to cure
выписывать - to prescribe
выработка - development
высокий - high
высыпание - rash
вытяжка - ventilation
выходить - to come out, to go out
выявлять - to detect
выяснять - to clarify, make clear
гайморит - frontal sinusitis
гарантировать - guarantee
гастрит - gastritis
где - where
гель - gel

гибкий - flexible
гингивит - gingivitis
гипертония - hypertension
гипс - cast, plaster
гипсовый - related to plaster, related to cast
гладилка - trowel
глаз - eye
глазной - related to the eye
глотка - throat
глубокий - deep
глубоко - deep
гной - pus
гнойный - purulent
говорить - to talk
год - year
голень - shin
голова - head
головной - head
головокружение - dizziness
гомеопатический - homeopathic
горло - throat
гормон - hormone
гормональный - hormonal
гортанный - laryngeal, relating to throat
готовиться - to prepare
готовый - ready
градус - degree
грипп - flu
громко - loud
грубый - rough
грудной - chest
грудь - chest
губа - lip
гулять - to walk, to stroll
да - yes
давать - to give
давление - blood pressure
давно - long ago, for a long time
даже - even
дальнейший - further
дальше - further
дать, давать - give, to give
два - two

двадцать - twenty
двигать - to move
движение - movement
девушка - girl
девять - nine
дезинфицировать - to disinfect
действие - action
действовать - to act, to affect
делать - to do
дело - business
дентин - dentin
день - day
держать - to hold
дерматит - dermatitis
дерматолог - dermatologist
дерматоскоп - dermatoscope
десна - gum
десять - ten
дети - children
детский - children's
дефицит - shortfall, deficiency
дешёвый - cheap
диабет - diabetes
диагноз - diagnosis
диагностика - diagnostics, test
диета - diet
дифтерия - diphtheria
длительный - long
длиться - to last
для - for
до - to
до свидания - goodbye
добавлять - to add
добрый - good
доктор - doctor, physician
долг - debt
долго - a long time
должен - must, have to
дом - house
дополнительный - additional
допплерография - Doppler ultrasound
дорого - expensive
дорогой - expensive
дороже - more expensive

достаточно - enough
дотрагиваться - to touch
дробить - to crush
другой - other
думать - to think
дыхание - breath
дышать - to breathe
единственный - only
если - if
есть - there is
ещё - also
жалоба - complaint, what bothers a patient
жаловаться - complains
ждать - to wait
же - right (now)
железа - gland
желудок - stomac
женщина - woman
жечь - to burn
живот - stomach
жидкий - liquid
жидкость - liquid
жизнь - life
жить - to live
журнал - notebook, journal
за - behind
забирать - to pick up
заболевание - illness
забывать - to forget
зависеть - to depend
загипсовать - to cast
загрязнённость - clogging
задний - back
заживать - to heal
зажим - clamp
закапывать - use eye drops
закладывать - to lay, to put
закреплять - to fasten, to attach
закрывать - to cover, to close
закрытый - closed
заложенный - stuffy, congested
заменить - to replace
замечать - to notice, to note
занимать - to take (a place)

заниматься - to work
записанный - registered
записывать - to register, to write down; to record
записываться - to register, sign up
запись - a note, record
заплатить - to pay
запломбировать - to put in fillings
запоминать - to remember
запястье - wrist
заражать - to infect
заранее - in advance
засвечивать - illuminates
засорённый - clogged
застывать - to congeal
затвердевать - to harden
затем - then
затылок - nape
заходить - to go in
захотеть - to want
зачем - for what
защитный - protective
защищать - to protect
звонить - to call, to ring
здание - building
здесь - here
здоровый - healthy
здоровье - health
здравствуйте - hello
зеркало - mirror
знак - sign
знать - to know
значит - meaning
зонд - probe
зрачок - pupil
зрение - vision
зуб - tooth
зубной - dental
зубодесневый - periodontal
и - and
игла - needle
иглодержатель - needle holder
идеальный - perfect
идти - to go

из - from
избегать - to avoid
избыточный - excessive
извлекать - extract
изготовление - manufacturing
из-за - because
изменение - change
измерять - to take, to measure
изучать - to examine, to study
или - or
иметь - to have
иммунитет - immune system
иммуностимулирующий - immune-busting
имплантат - implant
иначе - otherwise
ингаляция - inhalation
индивидуальный - individual
иногда - sometimes
инструкция - instructions
инструмент - instrument
интересоваться - to inquire
инфанрикс - Infanrix
инфекционный - infection
исключение - ruling out
исключено - rule out, exclude
искусственный - artificial
использование - use
испытывать - to experience
исследование - examination
исследовать - to examine
истирание - abrasion
история - history
исчезать - to disappear
исчезновение - disappearance
к - to
кабинет - office
каждый - each
как - how
какой - what, which
какой-либо - any
какой-то - someone
календула - calendula
кальций - calcium

камень - stone
канал - (root) canal
капля - drop
кардиолог - cardiologist
кариес - decay, caries
кариозный - relating to decay, carious
карман - pocket
карточка - card, medical record
катаракта - cataract
катетер - catheter
качественный - quality
кашель - cough
квартира - apartment
кивать - to nod
кислота - acid
кисть - hand
кишечник - intestine
кламмер - clasp
клапан - valve
класс - class
клетка - cavity, cell
клиника - clinic
клинический - clinical
ключица - clavicle
коагулятор - coagulator
когда - when
кожа / кожный - skin
коленный - knee
колено - knee
количество - amount
комната - room
компенсировать - to compensate
комплекс - a set, in combination with
комплексный - comprehensive
композитный - composite
компомер - compomer
компонент - ingredient, component
компьютерный - computerized, electronic
кому - to who, whom
конец - end
конечно - of course
конечность - extremity, limb
конструкция - construction, design
контролировать - to monitor, to control

контроль - control
копирка - carbon paper
корень - root
коридор - corridor, hall
корневой - root
коррекция - correction
корь - measles
костный - bone
кость - bone
который - which
краснеть - to turn red
краснуха - rubella
красный - red
кресло - chair
кровеносный - circulatory, blood-carrying
кровоток - blood flow
кровоточивость - bleeding
кровь - blood
кроме - in addition
кружиться - to spin
крупный - large
крючок - hook
кто - who
кто-либо / кто-то - anyone
куда - where
купить - to buy
курить - to smoke
курс - a course
кушать - to eat
кюрета - curette
лаборатория - laboratory
лабораторный - laboratory
ладонь - palm of the hand
лазер - laser
лазерный - laser
лампа - lamp
ларингит - laryngitis
левый - left
лёгкие - lungs
лёгкий - lung
легко - easy
легче - better
лежать - lie, rest
лекарственный - medicinal

лекарство - medicine, medication
лестница - stairs
лечебный - medicinal
лечение - treatment
лечить - heals
ли - whether, if
лигатурный - ligature
лигировать - ligate
лимфоузел - lymph nod e
линейка - ruler
литотриптор - lithotripter
лицо - face
лишний - extra
лоб - forehead
лобный - frontal
ложиться - lie down
локоть - elbow
локтевой - elbow
лопатка - scapula
ЛОР-врач - ENT (Ear, Nose, and Throat) doctor
лоток - tray
луч - beam
лучше - better
любой - any
люди - people
магнитно-резонансный - magnetic resonance
мазать - to apply
мазь - ointment
маленький - small
мало - a little
малотоксичный - low-toxic
манипуляция - manipulation
манту - Mantoux test
мануальный - manual
материал - material
мать - mother
медикаментозный - relating to pharmacotherapy
медицинский - medical, for medical use
медсестра - nurse
межзубный - interdental
меньше - less

меняться - to change
мера - measure
мерка - measurement
местный - loca
место - place
месяц - month
метод - method, technique
мешать - to interfere
мешочек - bag
мигрень - migraine
мизинец - pinky finger
микроскоп - microscope
миндалина - tonsil
минеральный - mineral
минимум - minimum
минута - minute
много - many, a lot
модель - model
можно - possible
мозг - brain
мой - mine, my
молодой - young
молоко - milk
молоточек - mallet
мочевой - urine
мочевой пузырь - bladder
мочеиспускание - urination
мочекаменный - urolithiasis
мочь, смочь, суметь - to be able to
МРТ (магнитно-резонансная томография) - MRT (magnetic resonance tomography)
мужчина - man
мы - we
мышца - muscles
мягкий - soft
на - on
наблюдать - to watch, to observe
наверное - probably
нагружать - place weight, strain
нагрузка - activity, strain
над - above, over
надавливать - to press
надевать - to wear

надёжный - reliable
надеть - to put on, to wear
надолго - for a long time
надрез - incision
назад - back
назначать - to prescribe, to appoint
назначение - referral, prescription
называться - is called
накладывать - to apply
накол - comminuted (fracture)
налёт - deposit
наличие - existence
наложить - to apply
намного - much
наносить - to cause
напоминать - to remind
направить - to refer
направление - direction
напротив - across
напряжение - tension
напряжённость - strain, tension, exertion
наружу - outside
нарушаться - to be disrupted
нарушение - disruption, imbalance
нарушенный - disrupted
насадка - nozzle, head
насморк - runny nose
настаивать - to insist
настроение - mood
наступать (о времени) - to come, to arrive
натирать - to rub
находиться - located
начало - beginning
начинать - to begin
наш - ours
не - not
небольшой - not big, small
невидимый - invisible
неврологический - neurological
невропатолог - neurologist
недавно - recently
неделя - week
недорогой - inexpensive
недостаток - deficiency

недостаточно - not enough
недуг - illness
нежный - delicate
нездоровый - unhealthy, unwell
нейлоновый - nylon
некоторый - some
нельзя - impossible
немедленно - immediately
немного - a little
немолодой - not young, elderly
необходимо - necessary
необходимость - necessity
необходимый - necessary
неопытный - inexperienced
непереносимость - intolerance
неприятно - unpleasant
неприятный - unpleasant
непрямой - indirect
нерв - nerve
нервный - related to nerves
несколько - several
несложный - not complicated
несъёмный - fixed, non-removable, permanent
нет - no
неужели - really
нехватка - lack, deficiency
неэффективный - ineffective
неясно - unclear
ниже - below
нижний - lower
низкий - low
никакой - no one, none
никогда - never
никто - no one
ничего - nothing
но - but
новообразование - mole, growth
новый - new
нога - leg
ноготь - fingernail
ножницы - scissors
номер - number
норма - norm

нормально - normal
нормальный - normal
нос - nose
носить - to wear
ночь - night
нравится - to like
нужно - need, must
оба - both
обезболивающее - painkillers
область - area
облегчать - to ameliorate
облегчение - relief
обмен - metabolism
обнаруживать - to discover
оборудование - equipment
обрабатывать - to treat, to process
образ - style
образец - sample
образоваться - to form
обратиться - to turn to
обращаться - to turn to
обследование - examination
обследовать - to examine
обсуждать - discuss
обтачивание - turning
обувь - shoes
общеукрепляющий - restorative, tonic
общий - general
объяснять - to explain
обычно - usually
обязательно - necessary, necessarily
огорчаться - to be disappointed
одевать - to put on
одежда - clothes
одеть - to wear, to put on
одиннадцать - eleven
однако - however
одно - only
одышка - shortness of breath
ожидать - to wait
озноб - fever
озонотерапия - ozone therapy
ой - Oh (exclamation)
оказываться - to turn out

окно - window
около - near
околосуставный - periarthric
окончатый - fenestrated
он - he
она - she
онемение - numbness
онеметь - to become numb
они - they
оно - it
опасно - dangerous
опасный - dangerous
описывать - to describe
оплаченный - paid, covered
ополаскивать - to rinse
опора - support
определённый - certain
определять - to determine, to measure
опыт - experience
опытный - experienced
опять - again
орган - organ
организм - organism
ормокер - Ormocer
орофарингоскопия - oropharyngoscopy
ортопед - podiatrist, orthopedist
ортопедический - orthopedic, orthotic
освещение - lighting
освобождать - to release
осколок - fragment
ослабевать - to weaken
ослабленный - weakened
осложнение - complications
осматривать - to examine
осмотр - examination
осмотреть - to examine
основа - basis
особенно - especially
оставаться - to stay
оставшийся - remaining
останавливать - to stop
останавливаться - to stay, to stop
остаток - leftover
остеохондроз - osteochondrosis

острота - acuity
острый - sharp
от - from
отбеливание - whitening
отбеливать - to bleach
отвар - decoction
отвечать - to answer
отдавать, отдать - to give back
отдел - department
отёк - swelling
отит - otitis
отказываться - to refuse
открывать - to open
открытый - outdoor
отложение - plaque, deposit
отложить - to postpone, to defer
отметка - mark
отмечать - to note, to remark
отмирание - dying
относиться - to treat, to regard
отношение - relation
отображение - image
отоскоп - otoscope
отоскопия - otoscopy
отправлять - to refer, to send
отсутствие - absence
отсутствовать - to miss, to absent
отсутствующий - missing
офтальмолог - ophthalmologist
офтальмоскоп - ophthalmoscope
оценивать - to assess
очаг - center, hearth
очень - very
очередь - line, appointment
очищать - to clean
очки - glasses
ошибка - mistake
ощупывать - to palpate
ощущать - to feel
ощущение - feeling
пазуха - sinus
палец - finger
пара - couple
пародонтит - periodontitis

паротит - parotitis, mumps
патология - pathology
пациент - patient
пациентка - patient
педиатр - pediatrician
пелена - blurred vision
первичный - initial
первый - first
перевязка - bandage, sling
перегруженный - overloaded
перегрузка - overload
перегруппировка - rearrangement
перед - in front
передавать - to give
передний - front, frontal
переживать - to worry
перекись - peroxide
перелом - fracture, broken bone
переносить - to tolerate, to go through
переохлаждение - hypothermia
перепад - swing
перерастать - to develop, grow into
период - a period of time
периодически - periodically
периодонтит - periodontitis
периферический - peripheral
перкуссионный - relating to percussion
перкуссия - percussion
перчатка - glove
песок - sand
печень - liver
пиелонефрит - pyelonephritis
пинцет - tweezers
пить - to drink
пища - food
пищеварение - digestion
пищевод - esophagus
плакать - to cry
плановый - annual, planned, general
пластинка - plate
плёнка - film
плечевой - relating to shoulder
плечо - shoulder
пломба - filling

пломбирование - to put in a filling
пломбировочный - filling
плоскостопие - flatfoot
плотно - tight
плохо - not well
плохой - bad
пневмония - pneumonia
по - on
побочный - side-effect
поверхностный - surface
поверхность - surface
повод - reason, cause
поворачиваться - to turn around
повреждать - to injure, to damage
повреждение - damage
повреждённый - damaged
повторный - follow-up, second
повышенный - high, elevated
повязка - bandage
погода - weather
под - under
подавать - to hand (to someone)
подать - to give
подбирать - to choose, put together
подбородок - chin
подвергать - to expose
подвижный - active, agile
подводить - lead
подготавливать - to prepare
поддесневый - subgingival
подмышка - underarm
подобный - such, similar
подождать - to wait
подошва - sole
подсказать - to tell
подтвердиться - to confirm
подумать - to think
подходить - to walk up to
пожалуйста - please
пожилой - elderly
позволять - to allow
позвонить - to call
позвоночник - spine
пойти - to go

пока - for now, so far
показатель - indicator
показывать - to show
покраснение - redness
покрытый - covered
покупать - to buy
полгода - six months, half a year
поле - field
поликлиника - clinic
полиомиелит - poliomyelitis, polio
полироваться - to polish
полностью - completely
полный - full
половина - half
половой - genital
положительный - positive
положить - to put
полоскать - to gargle
полость - cavity
получать - to receive
получение - receipt
полушарие - hemisphere
помогать - to help
помочь - to help
помощь - help
понедельник - Monday
пониженный - lowered, weakened
понять - to understand
попадать - to hit (a mark)
попробовать - to try
порядок - order
посещать - to visit
посещение - visit
посидеть - to sit
после - after
последний - last
последовательность - order
послушать - to listen
посмотреть - to look, to examine
посоветовать - to advise
поставить - to put
постановка - establishing
постараться - to try
постельный - bed rest

поступать - to enter
постучать - to knock
потереть - to rub
потерпеть - to be patient, to endure
потеря - loss
потливость - sweating
потолок - ceiling
потом - later
потому - because
потребоваться - to require
почему - why
почистить - to clean up
почка - kidney
почти - almost
почувствовать - to feel
поэтому - so, therefore
появляться - to show up
пояс - girdle, belt
поясница - lower back
поясничный - lumbar, low back
правильно - correctly
правый - right
практика - practice
практически - practically, actually
предлагать - to suggest
предплечье - forearm
предполагать - to assume
предупреждать - to warn
преждевременный - premature
прекращать - to stop
препарат - drug, preparation
препятствовать - prevent, hinder
при - during
прибор - instrument
прививка - inoculation, vaccination
приводить - to lead
приглашать - to invite
приготовить - to prepare
придётся - will be necessary
приём - office hours
признак - sign, symptom
прикладывать - to apply
прикрепляться - to be attached
примерка - fitting

примерять - to fit
принести - to bring
принимать - to see (patients, clients)
приносить - to bring
приобретать - to buy
присаживаться - to sit down
приступать - to start
приходить - to come
причина - cause
проба - test.
проблема - problem
проверка - examination, check-up
проверять - to check
проводить - to conduct
провожать - to escort
провоцировать - to provoke
программа - program
прогрессивный - progressive, advanced
продавать - to sell
продолжать - to continue
продукт - product
происходить - to happen
прокладка - lining
проконсультироваться - to consult
промежуток - interval
промывать - to wash
прописывать - to prescribe
пропускать - to miss
просить - to ask
прослушать - to listen
просто - simply
простой - simple
простуда - cold
просыпаться - to wake up
протез (зубной) - prosthesis, denture (removable)
протезирование (зубное) - prosthodontics
против - against
противоаллергенный - antiallergenic
противоаллергический - anti-allergy medicine
противовоспалительный - anti-inflammatory
профилактика - prevention, preventative treatment
профилактический - preventative
прохладно - cool
проходить - to go in
процедура - procedure, treatment
процедурный - procedural, relating to treatment
процесс - process
прочищать - to clean
прочный - durable
прощаться - to take leave, say goodbye
проявленный - showing, developed
проявлять - to develop
проявляться - to exhibit
прямой - direct
пузырь - bubble
пульс - pulse
пульсация - pulse
пятка - heel
пятнадцать - fifteen
пять - five
работа - work, job
работать - to work
работник - worker, professional
рад - glad
радоваться - to rejoice, to be happy
раз - one time
развитие - development
разговаривать - to talk
раздражаться - to be irritated
раздражительный - irritable
разрабатывать, развиваться - to develop
разрешение - permission
разрушать - to destroy
рана - wound
раньше - earlier
расписывать - write down
расположение - location
расположенный - located
рассверливать - to drill
рассказывать - to tell
расслабляться - to relax
рассматривать - to examine, to look closely

расспрашивать - to ask
расстраиваться - to get upset
раствор - solution
расширение - expansion
расширенный - extended
расширять - to expand
рацион - food
реакция - reaction
ребёнок - child
ревматизм - rheumatism
регистратура - registration desk
регулярно - regularly
редко - rarely
режим - schedule, regimen
резкий - sharp
результат - result
рекомендация - recommendation
рентген - x-ray
рентген-кабинет - x-ray room
рентгеновский - X-ray
рентгенолог - radiologist
ресница - eyelash
рефлекс - reflex
рефлексотерапия - reflexology treatment, acupuncture
рефлектор - reflector
рецепт - prescription
риск - risk
ритм - rhythm
роговица - cornea
родитель - parent
родственник - relative
ромашка - chamomile
рот - mouth
ротик - (little) mouth
ротовой - oral, related to mouth-oral
рука - hand
рядом - near, next to
с - with
садиться - to sit down
сам - himself, myself
самолечение - self-treatment (without medical care)
самый - most

сахар - sugar
сахарный - relating to sugar
сбоку - on the side
свежий - new
сверлить - to drill
сверху - above
светлый - light, bright
светоотверждающий - light-curing
свободно - freely
свой - own
связанный - connected, related
связь - link, feedback
сдавать - to give, to undergo
сделать - to do
сеанс - session
себя - me
сегодня - today
сейчас - right now
секреция - secretion
семнадцать - seventeen
семь - seven
сердечно-сосудистый - cardiovascular
сердечный - heart
сердце - heart
сердцебиение - heartbeat
серьёзнее - more seriously
серьёзный - serious
сетчатка - retina
сзади - behind, on the back
сильнее - stronger
сильно - very, strong
сильный - strong
симптом - symptom
сироп - syrup
система - system
сказать - to say
скалер - scaler
скальпель - scalpel
скелет - skeleton
скиаскопический - skiascopic
сколько - how much
скорее - rather
скоро - soon
скорость - speed, rate

слабость - weakness
слабый - weak
слева - on the left
следовать - to follow
следствие - consequences, effects
следующий - following
слезиться - to tear up
слепок - cast
сложно - difficult
сложный - complicated
слой - layer
случай - case
случаться - to happen
слышать - to listen, to hear
смешивать - to mix
смотреть - to look
сначала - at the beginning
сниженный - lowered
снимать - to take off
снимок - X-ray, photograph
снова - again
со - with
собирать - to collect
собираться - to plan (to do something)
совершать - to make, to commit
совершенно - completely
советовать - to advise
совместимость - compatibility
современный - modern, contemporary
совсем - absolutely, completely
согласие - agreement
согласный - agrees
соглашаться - to agree
содержать - to contain
содержащий - containing
содовый - soda
сок - juice
сокращение - contractions
сомневаться - to have a doubt, to be unsure
сон - sleep
сорок - forty
соседний - next
составлять - to put together

состояние - state, condition
состоять - to consist of
сосуд - vessel
сохранять - to save
спасибо - thank you
спать - to sleep
спереди - in front
специалист - specialist
специальный - special
спина - back
спинной - relating to the back
спирт - rubbing alcohol
сплетение - plexus
спокойно - calmly
споласкивать - to rinse
спорт - sport, athletics
справа - on the right
спрашивать - to ask
сразу - immediately
среда - Wednesday
средний - middle
средство - treatment
срок - time period
срочно - urgently
стабилизировать - to stabilize
ставить - to make
стадия - stage
старый - old
стать - to become
стекло - glass
стелька - insole
стена - wall
стенка - wall
степень - level
стерилизация - sterilization
стерильный - sterile
стетоскоп - stethoscope
стимулировать - to stimulate
стоит - stands
стол - table
столбняк - tetanus
столик - table
стоматит - stomatitis
стоматолог - dentist

стоматологический - dental
стоматолог-ортопед - orthodontist
стоматолог-хирург - dental surgeon
стопа - foot
сторона - side
стоять - to stand
страдать - to suffer
странный - strange
страховка - insurance
страшный - terrible, frightening
строго - strictly
строение - structure
структура - structure
стучать - to knock
сужение - narrowing
сустав - joint
суставный - articular, joint
сутки - a day, 24 hours
сухожилие - tendon
сухость - dryness
схема - plan, instructions
счёт - account
считать - to think
съёмный - removable
сюда - here
таблетка - tablet
таз - pelvis
так - so
также - also
такой - such
талончик - voucher
там - there
тампон - tampon
тело - body
тем - that
температура - temperature, fever
темя - crown (of the head)
теперь - now
тёплый - warm
терапевт - therapist
терапия - therapy
термометр - thermometer
терять - to lose
тесно - tight

тест - test
течение - flow
тихо - quiet
ткань - tissue
тогда - then
тоже - also
ток - electric current
толстый - large, thick
только - only
томограф - tomograph
томография - tomography
тонкий - thin, small
тонометр - blood pressure monitor
точка - point
точный - accurate
тошнота - nausea
трава - herb
травма - traumatic injury
травмировать - to hurt
трахея - trachea
требовать - to demand
требоваться - to require
третий - third
три - three
тридцать - thirty
тринадцать - thirteen
трудно - difficult
туловище - torso
тщательно - thoroughly
тяжёлый - heavy
у - at
увеличенный - enlarge
увидеть - to see
удалять - to remove
удивляться - to be surprised
удобно - comfortable
уже - already
УЗДГ (ультразвуковая допплерография) - Doppler ultrasound
УЗИ (ультразвуковое исследование) - ultrasound
узнавать - to learn
указательный - index finger
укол - injection

укреплять - to strengthen
улица - street
улучшение - improvement
ультразвук / ультразвуковой - ultrasound
упасть - to fall
уплотнять - to compress
упражнение - exercise, exercises
уретра - urethrae
уретроцистоскоп - urethral cystoscope
уровень - level
уролог - urologist
урологический - urological
услуга - service
успевать - to have time
успокаивать - to calm down
успокаиваться - to calm down, relax
успокоительный - sedative
уставать - to be tired
усталость - fatigue
устанавливать - to set, to establish
устойчивый - steady, stable
устраивать - to arrange
утверждать - to assert, to confirm
утомляемость - tiring, fatigue
утомляться - to get tired
уточнять - to ask (in order to make sure)
утро - morning
ухо - ear
уходить - to leave
участок - area
учащённый - accelerated
ушной - ear
фамилия - last name
фартук - apron
фарфоровый - porcelain
физиотерапия - physical therapy
физический - physical
фиксатор - brace, fixator
фон - background
фонарик-ручка - flashlight pen
фонендоскоп - phonendoscope
форма - form
формировать - to form
фороптер - phoropter

фотокомпозит - photo-composite
фрукт - fruit
фтор - fluoride
халат - coat
химический - chemical
хирург - surgeon
хирургический - surgical
ходить - to go, to walk
ходьба - walking
холодно - cold
хороший - good
хорошо - good
хотеть - to want
хотя - however
хронический - chronic
хуже - worse
цель - goal
центр - center
центральный - central
цистит - cystitis
цистоскоп - cystoscope
ЦНС (центральная нервная система) - CNS (central nervous system)
час - hour
часто - often
частота - frequency
частый - frequent
часть - part
чаще - more often
чего - what, which
человек - human being
челюстной - jaw
челюсть - jaw
чем - with what
через - in (a period of time)
четверг - Thursday
четыре - four
чистить - to clean
чисто / чистый - clean
читать - to read
что - what
чтобы - for
что-то - something
чувствительность - sensitivity

чувствовать - to feel
шаблон - template
шея - neck
широкий - wide, large
широко - wide
шкаф - cupboard
шов - suture, stitch
Шопен - Chopin
шпатель - tongue compressor
шприц - syringe
штифт - pin
шум - noise
щека - cheek
щипцы - forceps
щитовидный - thyroid
эвакуатор - evacuator
эвкалипт - eucalyptus
ЭКГ (электрокардиограмма) - electrocardiogram (ECG)
экскаватор - dental excavator
эластичный - elastic
электрокардиограмма - electrocardiogram
электронный - electronic
электрофорез - electrophoresis
эндокринолог - endocrinologist
эндоскопический - endoscopic
эозинофил - eosinophil
эта / этот - this, that
этаж - floor
этап - stage
эти - these
это - this
эффект - effect
эффективный - effective
эхокардиография - echocardiography
ЭхоКГ (эхокардиограмма) - echocardiogram
эхоскан - ultrasound scanner
я - I
яблоко - eyeball (also apple)
явление - phenomenon
ягодица - buttock
язык - tongue

English-Russian dictionary

a day, 24 hours - сутки
a long time - долго
a period of time - период
a set, in combination with - комплекс
abdominal - брюшной
above, over - вверху, сверху, над
abrasion - истирание
absence - отсутствие
absolutely, completely - совсем
accelerated - учащённый
account - счёт
accurate - точный
acid - кислота
across - напротив
act, affect - действовать
action - действие
active, agile - подвижный, активный
activity, strain - нагрузка, активность
acuity - острота
add - добавлять
additional - дополнительный
address - адрес
advise - посоветовать / советовать
after - после
again - опять, снова
against - против
agree - соглашаться
agreement - согласие
agrees - согласный
Ah, ouch - ай
air - воздух
all - весь, всё
allergic - аллергический
allergist - аллерголог
allergy - аллергия
allocate, extract - выделять
allow - позволять
almost - почти
already - уже
also - ещё, также, тоже
ameliorate - облегчать
amount - количество

anatomical - анатомический
and - и
anesthesia - анестезия
annual, planned, general - плановый
answer - отвечать
antiallergenic - противоаллергенный
anti-allergy medicine - противоаллергический
antibacterial - антибактериальный
antibiotic - антибиотик
antibiotics - антибиотик
anti-inflammatory - противовоспалительный
antiseptic - антисептик
any - какой-либо, любой
anyone - кто-либо, кто-то
apartment - квартира
apathy - апатия
application - введение
apply - мазать, накладывать, наложить, прикладывать
apron - фартук
archive - архив
area - область, участок
around - вокруг
arrange - устраивать
arterial - артериальный
artery - артерия
articular, joint - суставный
artificial - искусственный
ask - просить, расспрашивать, спрашивать; ask (in order to make sure) - уточнять
aspirator - аспиратор
assert, confirm - утверждать
assess - оценивать
assistant - ассистент
assume - предполагать
at - у
at the beginning - сначала
atlas - атлас
attachment - аттачмен

attention - внимание
attentive, careful - внимательный
avoid - избегать
back - задний, назад, спина
background - фон
bad - плохой
bag - мешочек
bandage - бинт, бинтовой, повязка;
bandage, sling - перевязка
bank - банк
basis - основа
be - быть
be able to - мочь, смочь, суметь
be afraid - бояться
be attached - прикрепляться
be disappointed - огорчаться
be disrupted - нарушаться
be irritated - раздражаться
be patient, endure - потерпеть
be sick, be ill - болеть
be surprised - удивляться
be tired - уставать
be worried, anxious - волноваться
beam - луч
because - из-за, потому
become - стать
become numb - онеметь
bed rest - постельный
begin - начинать
beginning - начало
behind, on the back - за, сзади
below - внизу, ниже
better - легче, лучше
big - большой
biological - биологический
bladder - мочевой пузырь
bleach - отбеливать
bleeding - кровоточивость
blood - кровь
blood flow - кровоток
blood pressure - давление
blood pressure monitor - тонометр
blurred vision - пелена
body - тело

bone - костный / кость
both - оба
bother - беспокоить
brace, fixator - фиксатор
brain - мозг
breath - дыхание
breathe - дышать
bring - принести / приносить
bring out, take out - выводить
bringing out, taking out - выведение
bronchi - бронхи
bubble - пузырь
building - здание
burn - жечь
business - дело
but - но
buttock - ягодица
buy - купить / покупать / приобретать
calcium - кальций
calendula - календула
call - вызывать, позвонить
calm down, relax - успокаивать / успокаиваться
calmly - спокойно
carbon paper - копирка
card, medical record - карточка
cardiologist - кардиолог
cardiovascular - сердечно-сосудистый
careful - аккуратный
carefully, attentively - внимательнее
case - случай
cast - загипсовать
cast, plaster - слепок, гипс
cataract - катаракта
catheter - катетер
cause - причина; наносить
cavity - полость; cavity, cell - клетка
ceiling - потолок
center, hearth - центр, очаг
central - центральный
certain - определённый
chair - кресло
chamomile - ромашка
change - изменение; меняться

cheap - дешёвый
check - проверять
cheek - щека
chemical - химический
chest - грудной / грудь
child - ребёнок
children - дети
children's - детский
chin - подбородок
choose, put together - подбирать
Chopin - Шопен
chronic - хронический
circulatory, blood-carrying - кровеносный
clamp - зажим
clarify, make clear - выяснять
clasp - бюгельный, кламмер
class - класс
clavicle - ключица
clean - чисто / чистый; очищать / прочищать / чистить
clean up - почистить
clinic - клиника / поликлиника
clinical - клинический
clogged - засорённый
clogging - загрязнённость
closed - закрытый
clothes - одежда
CNS (central nervous system) - ЦНС (центральная нервная система)
coagulator - коагулятор
coat - халат
cold - простуда / холодно
collect - собирать
come - приходить; come out - выходить;
come, arrive - наступать (о времени)
comfortable - удобно
comminuted (fracture) - накол
compatibility - совместимость
compensate - компенсировать
complains - жаловаться
complaint, what bothers a patient - жалоба
completely - полностью, совершенно
complicated - сложный
complications - осложнение

compomer - компомер
component - компонент
composite - композитный
comprehensive - комплексный
compress - уплотнять
computerized, electronic - компьютерный
conclusion - вывод
conduct - проводить
confirm - подтвердиться
congeal - застывать
connected, related - связанный
consequences, effects - следствие
consist of - состоять
construction, design - конструкция
consult - проконсультироваться
contact-free - бесконтактный
contain - содержать
containing - содержащий
continue - продолжать
contractions - сокращение
control - контроль
cool - прохладно
cornea - роговица
correction - коррекция
correctly - правильно
corridor, hall - коридор
cotton wool - вата
cough - кашель
couple - пара
course, a course - курс
cover, close - закрывать
covered - покрытый
crown (of the head) - темя
crush - дробить
cry - плакать
cupboard - шкаф
cure - вылечивать
curette - кюрета
cystitis - цистит
cystoscope - цистоскоп
damage - повреждение
damaged - повреждённый
dangerous - опасно / опасный
day - день

debt - долг
decay, caries - кариес
decoction - отвар
deep - глубокий / глубоко
deficiency - недостаток
degree - градус
delicate - нежный
demand - требовать
dental - зубной, стоматологический
(dental) drill - бормашина
dental excavator - экскаватор
dental surgeon - стоматолог-хирург
dentin - дентин
dentist. - стоматолог
department - отдел
depend - зависеть
deposit - налёт
dermatitis - дерматит
dermatologist - дерматолог, врач-дерматолог
dermatoscope - дерматоскоп
describe - описывать
destroy - разрушать
detect - выявлять
determine, measure - определять
develop - проявлять, разрабатывать, развиваться
development - выработка, развитие
device - аппарат
diabetes - диабет
diagnosis - диагноз
diagnostics, test - диагностика
diet - диета
difficult - сложно, трудно
digestion - пищеварение
diphtheria - дифтерия
direct - прямой
direction - направление
disappear - исчезать
disappearance - исчезновение
discover - обнаруживать
discuss - обсуждать
disinfect - дезинфицировать
disrupted - нарушенный

disruption, imbalance - нарушение
dizziness - головокружение
do - делать / сделать
doctor, physician - врач, доктор
Doppler ultrasound - допплерография, УЗДГ (ультразвуковая допплерография)
drill - рассверливать / сверлить
drink - пить
drop - капля
drug, preparation - препарат
dryness - сухость
DTP (Adsorbed pertussis-diphtheria-tetanus) - АКДС (Адсорбированная коклюшно-дифтерийно-столбнячная)
durable - прочный
during - вовремя, при
dying - отмирание
each - каждый
ear - ухо / ушной
earlier - раньше
easy - легко
eat - кушать
echocardiogram - ЭхоКГ (эхокардиограмма)
echocardiography - эхокардиография
effect - эффект
effective - эффективный
eight - восемь
elastic - эластичный
elbow - локоть / локтевой
elderly - пожилой
electric current - ток
electrocardiogram (ECG) - ЭКГ (электрокардиограмма)
electronic - электронный
electrophoresis - электрофорез
eleven - одиннадцать
end - конец
endocrinologist - эндокринолог, врач-эндокринолог
endoscopic - эндоскопический
enlarge - увеличенный
enough - достаточно
ENT (Ear, Nose, and Throat) doctor -

ЛОР-врач
enter - поступать
eosinophil - эозинофил
equipment - оборудование
escort - провожать
esophagus - пищевод
especially - особенно
establishing - постановка
eucalyptus - эвкалипт
evacuator - эвакуатор
even - даже
evening - вечер
examination, check-up - исследование, обследование, осмотр, проверка
examine - изучать, исследовать, обследовать, осматривать / осмотреть
excessive - избыточный
exercise, exercises - упражнение
exhibit - проявляться
existence - наличие
expand - расширять
expansion - расширение
expensive - дорого / дорогой
experience - опыт; испытывать
experienced - опытный
explain - объяснять
expose - подвергать
extended - расширенный
extra - лишний
extract - извлекать
extremity, limb - конечность
eye - глаз
eyeball (also apple) - яблоко
eyebrow - бровь
eyelash - ресница
eyelid - веко
face - лицо
fall - упасть
fast, quick - быстрый
fasten, attach - закреплять
faster - быстрее
fatigue - усталость
fear, be afraid - бояться
feel - ощущать, почувствовать / чувствовать
feeling - ощущение
fenestrated - окончатый
fever - озноб
field - поле
fifteen - пятнадцать
filling - пломба / пломбировочный
film - плёнка
finger - палец
fingernail - ноготь
first - впервые / первый
fit - примерять
fitting - примерка
five - пять
fixed, non-removable, permanent - несъёмный
flashlight pen - фонарик-ручка
flatfoot - плоскостопие
flexible - гибкий
floor - этаж
flow - течение
flu - грипп
fluoride - фтор
follow - следовать
following - следующий
follow-up, second - повторный
food - пища, рацион
foot - стопа
for - для, чтобы
for a long time - надолго
for now, so far - пока
for what - зачем
forceps - щипцы
forearm - предплечье
forehead - лоб
forget - забывать
form - форма; образоваться, формировать
forty - сорок
four - четыре
fracture, broken bone - перелом
fragment - осколок
freely - свободно
frequency - частота

frequent - частый
from - из, от
front, frontal - передний, лобный
frontal sinusitis - гайморит
fruit - фрукт
full - полный
further - дальнейший / дальше
gargle - полоскать
gastritis - гастрит
gel - гель
general - общий
genital - половой
get tired - утомляться
get upset - расстраиваться
gingivitis - гингивит
girdle, belt - пояс
girl - девушка
give - выдать, дать, давать, передавать, подать
give back - отдавать / отдать
glad - рад
gland - железа
glass - стекло
glasses - очки
glove - перчатка
go - идти, пойти, ходить
go in - заходить, проходить
go out - выходить
goal - цель
good - добрый / хороший / хорошо
goodbye - до свидания
grandmother - бабушка
grow into, develop - перерастать
guarantee - гарантировать
gum - десна
hair - волосы
half - половина
hand - кисть, рука
hand (to someone) - подавать
happen - происходить, случаться
harden - затвердевать
harm, damage - вред
harmless - безвредный
have - иметь

have a doubt, be unsure - сомневаться
have time - успевать
he - он
head - голова / головной
heal - заживать
heals - лечить
health - здоровье
healthy - здоровый
heart - сердечный / сердце
heartbeat - сердцебиение
heavy - тяжёлый
heel - пятка
hello - здравствуйте
help - помощь; помогать / помочь
hemisphere - полушарие
herb - трава
here - вот, здесь, сюда
high, elevated - высокий, повышенный
himself, myself - сам
history - анамнез, история
hit (a mark) - попадать
hold - держать
homeopathic - гомеопатический
hook - крючок
hormonal - гормональный
hormone - гормон
hospital - больница
hour - час
house - дом
how - как
how much - сколько
however - однако, хотя
human being - человек
hurt - травмировать
hydrogen - водород
hypertension - гипертония
hypothermia - переохлаждение
I - я
if - если
illness, sickness - болезнь - заболевание, недуг
illuminates - засвечивать
image - отображение
immediately - немедленно, сразу

immune system - иммунитет
immune-busting - иммуностимулирующий
implant - имплантат, вживлять
impossible - нельзя
improvement - улучшение
in - в, во
in (a period of time) - через
in addition - кроме
in advance - заранее
in front - перед, спереди
incision - надрез
include - включать
index finger - указательный
indicator - показатель
indirect - непрямой
individual - индивидуальный
ineffective - неэффективный
inexpensive - недорогой
inexperienced - неопытный
Infanrix - инфанрикс
infect - заражать
infection - инфекционный
inflammation - воспаление / воспалённый
inflammatory - воспалительный
ingredient, component - компонент
inhalation - ингаляция
initial - первичный
injection - укол
injure, damage - повреждать
inoculation, vaccination - прививка
inquire - интересоваться
insert - вводить
insist - настаивать
insole - стелька
instructions - инструкция
instrument - инструмент, прибор
insurance - страховка
interdental - межзубный
interfere - мешать
internal - внутренний
interval - промежуток
intestine - кишечник

intolerance - непереносимость
intraocular - внутриглазной
intravenous - внутривенный
invisible - невидимый
invite - приглашать
irritable - раздражительный
is called - называться
it - оно
jaw - челюстной / челюсть
joint - сустав
juice - сок
kidney - почка
knee - коленный / колено
knock - постучать / стучать
know - знать
laboratory - лаборатория / лабораторный
lack, deficiency - нехватка
lamp - лампа
large, thick - толстый - крупный
laryngeal, relating to throat - гортанный
laryngitis - ларингит
laser - лазер / лазерный
last - последний; длиться
last name - фамилия
later - потом
lay, put - закладывать
layer - слой
lead - вести, приводить, подводить
learn - узнавать
leave - уходить
left - левый
leftover - остаток
leg - нога
less - меньше
level - степень, уровень
lie down - ложиться
lie, rest - лежать
life - жизнь
ligate - лигировать
ligature - лигатурный
light, bright - светлый
light-curing - светоотверждающий
lighting - освещение
like - нравится

line, appointment - очередь
lining - прокладка
link, feedback - связь
lip - губа
liquid - жидкий / жидкость
listen, to hear - слышать, послушать / прослушать
lithotripter - литотриптор
little, a little - немного, мало
live - жить
liver - печень
loca - местный
located - находиться, расположенный
location - расположение
long - длительный
long ago, for a long time - давно
look closely, examine - рассматривать
look, examine - смотреть, посмотреть
lose - терять
loss - потеря
loud - громко
low - низкий
lower - нижний
lower back - поясница
lowered, weakened - пониженный / сниженный
low-toxic - малотоксичный
lumbar, low back - поясничный
lung/lungs - лёгкий/лёгкие
lymph node - лимфоузел
magnetic resonance - магнитно-резонансный
make, commit - ставить, совершать
mallet - молоточек
man - мужчина
manipulation - манипуляция
Mantoux test - манту
manual - мануальный
manufacturing - изготовление
many, a lot - много
mark - отметка
material - материал
me - себя
meaning - значит

measles - корь
measure - мера
measure, take - измерять
measurement - мерка
medical, for medical use - медицинский
medicinal - лекарственный, лечебный
medicine, medication - лекарство
meet - встречать
metabolism - обмен
method, technique - метод
microscope - микроскоп
middle - средний
migraine - мигрень
milk - молоко
mine, my - мой
mineral - минеральный
minimum - минимум
minute - минута
mirror - зеркало
miss, absent - пропускать, отсутствовать
missing - отсутствующий
mistake - ошибка
mix - смешивать
model - модель
modern, contemporary - современный
mole, growth - новообразование
Monday - понедельник
monitor, control - контролировать
month - месяц
mood - настроение
more - более / больше
more expensive - дороже
more often - чаще
more seriously - серьёзнее
morning - утро
most - самый
mother - мать
mouth - рот; (little) mouth - ротик
move - двигать
movement - движение
MRT (magnetic resonance tomography) - МРТ (магнитно-резонансная томография)
much - намного

muscles - мышца
must, have to - должен
nape - затылок
narrowing - сужение
nausea - тошнота
near, next to - рядом, возле, около
necessary - необходимо / необходимый;
necessary / necessarily - обязательно
necessity - необходимость
neck - шея
need, must - нужно
needle - игла
needle holder - иглодержатель
nerve - нерв
neurological - неврологический
neurologist - невропатолог, врач-невропатолог
never - никогда
new - новый, свежий
next - соседний
night - ночь
nine - девять
no - нет
no one, none - никто, никакой
nod - кивать
noise - шум
norm - норма
normal - нормально / нормальный
nose - нос
not - не
not big, small - небольшой
not complicated - несложный
not enough - недостаточно
not well - плохо
not young, elderly - немолодой
note, remark - отмечать
notebook, journal - журнал
nothing - ничего
notice, note - замечать
now - теперь
nozzle, head - насадка
number - номер
numbness - онемение
nurse - медсестра

nylon - нейлоновый
of course - конечно
office - кабинет
office hours - приём
often - часто
Oh (exclamation) - ой
ointment - мазь
old - старый
on - на, по
on the left - слева
on the right - справа
on the side - сбоку
one time - раз
only - единственный, одно, только
open - открывать
ophthalmologist - офтальмолог, врач-офтальмолог
ophthalmoscope - офтальмоскоп
or - или
oral, related to mouth-oral - ротовой
order - порядок, последовательность
organ - орган
organism - организм
Ormocer - ормокер
oropharyngoscopy - орофарингоскопия
orthodontic surgeon - врач-ортопед (зубной)
orthodontist - стоматолог-ортопед
orthopedic, orthotic - ортопедический
osteochondrosis - остеохондроз
other - другой
otherwise - иначе
otitis - отит
otoscope - отоскоп
otoscopy - отоскопия
ours - наш
outdoor - открытый
outer - внешний
outside - наружу
overload - перегрузка
overloaded - перегруженный
own - свой
ozone therapy - озонотерапия
paid, covered - оплаченный

pain - боль
painful - болезненно / болезненный / больно
painkillers - обезболивающее
painless - безболезненный
palm of the hand - ладонь
palpate - ощупывать
parent - родитель
parotitis, mumps - паротит
part - часть
pathology - патология
patient - больной, пациент / пациентка
pay - заплатить
pediatrician - педиатр, врач-педиатр
pelvis - таз
people - люди
percussion - перкуссия
perfect - идеальный
periarthric - околосуставный
periodically - периодически
periodontal - зубодесневый
periodontitis - пародонтит, периодонтит
peripheral - периферический
permission - разрешение
peroxide - перекись
pharmacy - аптека
phenomenon - явление
phonendoscope - фонендоскоп
phoropter - фороптер
photo-composite - фотокомпозит
physical - физический
physical therapy - физиотерапия
pick up - забирать
pin - штифт
pinky finger - мизинец
place - место
place weight, strain - нагружать
plan (to do something) - собираться
plan, instructions - схема
plaque, deposit - отложение
plate - пластинка
please - пожалуйста
plexus - сплетение
pneumonia - пневмония

pocket - карман
podiatrist, orthopedist - ортопед
point - точка
poliomyelitis, polio - полиомиелит
polish - полироваться
porcelain - фарфоровый
positive - положительный
possible - возможно / возможный, можно
postpone, defer - отложить
practically, actually - практически
practice - практика
premature - преждевременный
prepare - готовиться / подготавливать / приготовить
prescribe, appoint - выписывать, назначать, прописывать
prescription - рецепт
press - надавливать
prevent, hinder - препятствовать
preventative - профилактический
prevention, preventative treatment - профилактика
probably - наверное
probe - зонд
problem - проблема
procedural, relating to treatment - процедурный
procedure, treatment - процедура
process - процесс
product - продукт
program - программа
progressive, advanced - прогрессивный
prosthesis, denture (removable) - протез (зубной)
prosthodontics - протезирование (зубное)
protect - защищать
protective - защитный
provoke - провоцировать
pulse - пульс / пульсация
pupil - зрачок
purulent - гнойный
pus - гной
put - положить, поставить
put in a filling - пломбирование; put in

fillings - запломбировать
put on, wear - одевать, надеть
put together - составлять
pyelonephritis - пиелонефрит
quality - качественный
quick, fast - быстро
quiet - тихо
radiologist - рентгенолог, врач-рентгенолог
rarely - редко
rash - высыпание
rather - скорее
reaction - реакция
read - читать
ready - готовый
really - неужели
rearrangement - перегруппировка
reason, cause - повод
recall, remember - вспоминать
receipt - получение
receive - получать
recently - недавно
recommendation - рекомендация
record, a note - запись
record, write down - записывать
recover - выздоравливать
recovery - выздоровление
red - красный
redness - покраснение
refer, send - направить / отправлять
referral, prescription - назначение
reflector - рефлектор
reflex - рефлекс
reflexology treatment, acupuncture - рефлексотерапия
refuse - отказываться
regard, treat - относиться
register, sign up - записываться; register, write down - записывать
registered - записанный
registration desk - регистратура
regularly - регулярно
rejoice, be happy - радоваться
related to nerves - нервный

related to pain - болевой
related to plaster, related to cast - гипсовый
related to the eye - глазной
relating to decay, carious - кариозный
relating to percussion - перкуссионный
relating to pharmacotherapy - медикаментозный
relating to shoulder - плечевой
relating to sugar - сахарный
relating to the back - спинной
relation - отношение
relative - родственник
relax - расслабляться
release - освобождать
reliable - надёжный
relief - облегчение
remaining - оставшийся
remember - запоминать
remind - напоминать
removable - съёмный
remove - удалять
replace - заменить
require - потребоваться / требоваться
restorative, tonic - общеукрепляющий
result - результат
retina - сетчатка
return - вернуться, возвращаться
rheumatism - ревматизм
rhythm - ритм
right - правый
right (now) - же; right now - сейчас
ring finger - безымянный
ring, call - звонить
rinse - ополаскивать / споласкивать
risk - риск
room - комната
root - корень / корневой
(root) canal - канал
rough - грубый
rub - натирать / потереть
rubbing alcohol - спирт
rubella - краснуха
rule out, exclude - исключено

ruler - линейка
ruling out - исключение
run - бегать
runny nose - насморк
sample - образец
sand - песок
save - сохранять
say - сказать
scaler - скалер
scalpel - скальпель
scapula - лопатка
schedule, regimen - режим
scissors - ножницы
scream - вскрикнуть
second - второй
secretion - секреция
sedative - успокоительный
see - видеть / увидеть; see (patients, clients) - принимать
self-treatment (without medical care) - самолечение
sell - продавать
sensitivity - чувствительность
serious - серьёзный
service - услуга
session - сеанс
set, establish - устанавливать
seven - семь
seventeen - семнадцать
several - несколько
sharp - острый, резкий
she - она
shin - голень
shoes - обувь
shortfall, deficiency - дефицит
shortness of breath - одышка
shoulder - плечо
show - показывать
show up - появляться
showing, developed - проявленный
sick-leave - больничный
side - бок, сторона
side-effect - побочный
sign, symptom - знак, признак

simple - простой
simply - просто
sinus - пазуха
sit - посидеть
sit down - присаживаться / садиться
six months, half a year - полгода
skeleton - скелет
skiascopic - скиаскопический
skin - кожа / кожный
sleep - сон; спать
small - маленький
smoke - курить
so - так; so, therefore - поэтому
soda - содовый
soft - мягкий
sole - подошва
solution - раствор
some - некоторый
someone - какой-то
something - что-то
sometimes - иногда
soon - скоро
special - специальный
specialist - специалист
speculum - воронка
speed, rate - скорость
spin - кружиться
spine - позвоночник
sport, athletics - спорт
stabilize - стабилизировать
stage - стадия, этап
stairs - лестница
stand - стоять
stands - стоит
start - приступать
state, condition - состояние
stay, stop - оставаться, останавливаться
steady, stable - устойчивый
sterile - стерильный
sterilization - стерилизация
stethoscope - стетоскоп
stimulate - стимулировать
stomac - желудок
stomach - живот

stomatitis - стоматит
stone - камень
stop - бросать, останавливать, прекращать
strain, tension, exertion - напряжённость, нагрузка
strange - странный
street - улица
strengthen - укреплять
strictly - строго
strong - сильный
stronger - сильнее
structure - строение, структура
study - изучать
stuffy, congested - заложенный
style - образ
subgingival - поддесневый
substance - вещество
such, similar - такой, подобный
suffer - страдать
sugar - сахар
suggest - предлагать
support - опора
surface - поверхностный / поверхность
surgeon - хирург
surgical - хирургический
surgical corset - бандаж
suture, stitch - шов
sweating - потливость
swelling - отёк
swing - перепад
symptom - симптом
syringe - шприц
syrup - сироп
system - система
table - стол / столик
tablet - таблетка
take - брать, взять; take (a place) - занимать
take leave, say goodbye - прощаться
take off - снимать
talk - говорить / разговаривать
tampon - тампон
tear up - слезиться

tell - подсказать, рассказывать
temperature, fever - температура
template - шаблон
temporary - временный
ten - десять
tendon - сухожилие
tension - напряжение
terrible, frightening - страшный
test, analysis - тест, анализ, проба
tetanus - столбняк
thank - благодарить
thank you - спасибо
that - тем
then - затем, тогда
therapist - терапевт
therapy - терапия
there - там
there is - есть
thermometer - термометр
these - эти
they - они
thigh - бедро
thin, small - тонкий
think - думать / подумать, считать
third - третий
thirteen - тринадцать
thirty - тридцать
this, that - эта/это/этот
thoroughly - тщательно
three - три
throat - глотка, горло
Thursday - четверг
thyroid - щитовидный
tight - плотно, тесно
time - время; time period - срок
tiring, fatigue - утомляемость
tissue - ткань
to - до, к
today - сегодня
tolerate, go through - переносить
tomograph - томограф
tomography - томография
tongue - язык
tongue compressor - шпатель

tonsil - миндалина
tonsillitis - ангина
tooth - зуб
torso - туловище
touch - дотрагиваться
trachea - трахея
traumatic injury - травма
tray - лоток
treat, process - обрабатывать
treatment - лечение, средство
trowel - гладилка
try - попробовать, постараться
Tuesday - вторник
turn around - поворачиваться
turn out - оказываться
turn red - краснеть
turn to - обратиться / обращаться
turning - обтачивание
tweezers - пинцет
twenty - двадцать
two - два
ultrasound - УЗИ (ультразвуковое исследование), ультразвук, ультразвуковой
ultrasound scanner - эхоскан
unclear - неясно
under - под
underarm - подмышка
undergo, give - сдавать
understand - понять
unhealthy, unwell - нездоровый
unpleasant - неприятно / неприятный
upper - верхний
urethrae - уретра
urethral cystoscope - уретроцистоскоп
urgently - срочно
urination - мочеиспускание
urine - мочевой
urolithiasis - мочекаменный
urological - урологический
urologist - врач-уролог
use - использование
use eye drops - закапывать (глаза)
usually - обычно

vaccination - вакцинация
vaccine - вакцина
valve - клапан
varicose - варикозный
vein - вена
veneer - винир
ventilation - вытяжка
very, strong - сильно
vessel - сосуд
view - вид
vision - зрение
visit - посещать
visit, a visit - визит, посещение
vitamin - витамин
voucher - талончик
wait - ждать / ожидать / подождать
wake up - просыпаться
walk, stroll - ходить, гулять; walk up to - подходить
walking - ходьба
wall - стена, стенка
want - захотеть / хотеть
warm - тёплый
warn - предупреждать
wash - промывать
watch, observe - наблюдать
water - вода
wax - восковой
we - мы
weak - слабый
weaken - ослабевать
weakened - ослабленный
weakness - слабость
wear, put on - надевать, носить, одеть
weather - погода
Wednesday - среда
week - неделя
what - что; what, which - какой, чего
when - когда
where - где, куда
whether, if - ли
which - какой, который
white - белый
whitening - отбеливание

who - кто
whom, who - кому
why - почему
wide, large - широко, широкий
wight - вес
will be - будет
will be necessary - придётся
window - окно
with - с, со
with what - чем
without - без
woman - женщина
work - работать, заниматься
work, job - работа
worker, professional - работник
worry - беспокойство; беспокоиться, переживать
worse - хуже
would - бы
wound - рана
wrist - запястье
write down - расписывать
x-ray - рентген, рентгеновский; X-ray, photograph - снимок
x-ray room - рентген-кабинет
year - год
yes - да
yesterday - вчера
you (formal) - вы
young - молодой
your / yours - ваш / ваша / ваше / ваши

Приложения Appendixes

Appendix 1 Cases of singular nouns and adjectives

Masculine

Case / Questions

Именительный/Nominative / Кто? Что? / Этот **человек** хороший. *This man is good.*
Родительный/Genitive / Кого? Чего? Чей? / Вот паспорт этого хорошего **человека**. *Here is the passport of this good man.*
Дательный/Dative / Кому? Чему? / Дайте воды этому хорошему **человеку**. *Give some water to this good man.*
Винительный/Accusative / Кого? Что? / Я знаю этого хорошего **человека**. *I know this good man.*
Творительный/Instrumental / (С) кем? (С) чем? / Я знаком с этим хорошим **человеком**. *I am acquainted with this good man.*
Предложный/Prepositional / О ком? О чём? / Я слышал об этом хорошем **человеке**. *I have heard about this good man.*

Feminine

Case / Questions

Именительный/Nominative / Кто? Что? / Эта **женщина** хорошая. *This woman is good.*
Родительный/Genitive / Кого? Чего? Чей? / Вот паспорт этой хорошей **женщины**. *Here is the passport of this good woman.*
Дательный/Dative / Кому? Чему? / Дайте воды этой хорошей **женщине**. *Give some water to this good woman.*
Винительный/Accusative / Кого? Что? / Я знаю эту хорошую **женщину**. *I know this good woman.*
Творительный/Instrumental / (С) кем? (С) чем? / Я знаком с этой хорошей **женщиной**. *I am acquainted with this good woman.*
Предложный/Prepositional / О ком? О чём? / Я слышал об этой хорошей **женщине**. *I have heard about this good woman.*

Neuter

Case / Questions

Именительный/Nominative / Кто? Что? / Это **письмо** важное. *This letter is important.*
Родительный/Genitive / Кого? Чего? Чей? / Вот адрес этого важного **письма**. *Here is the address of this important letter.*
Дательный/Dative / Кому? Чему? / Уделите внимание этому важному **письму**. *Pay attention to this important letter.*
Винительный/Accusative / Кого? Что? / Я прочитал это важное **письмо**. *I have read this important letter.*
Творительный/Instrumental / (С) кем? (С) чем? / Я знаком с этим важным **письмом**. *I am acquainted with this important letter.*
Предложный/Prepositional / О ком? О чём? / Я знаю об этом важном **письме**. *I know about this important letter.*

Appendix 2 Demonstrative pronoun этот – this
Gender: Masculine / Feminine / Neuter / Plural
Nominative Case: Этот / Эта / Это / Эти
Accusative Case *animate:* Этого / Эту / Это / Этих
Accusative Case *inanimate:* Этот / Эту / Это / Эти
Genitive Case: Этого / Этой / Этого / Этих
Dative Case: Этому / Этой / Этому / Этим
Instrumental Case: Этим / Этой / Этим / Этими
Prepositional Case: Этом / Этой / Этом / Этих

Appendix 3 Cases of plural nouns and adjectives
Masculine
Case / Questions
Именительный/Nominative / Кто? Что? / Эти **студенты** хорошие. These students are good.
Родительный/Genitive / Кого? Чего? Чей? / Вот паспорта этих хороших **студентов**. Here are these good students' passports.
Дательный/Dative / Кому? Чему? / Дайте воды этим хорошим **студентам**. Give some water to these good students.
Винительный/Accusative / Кого? Что? / Я знаю этих хороших **студентов**. I know these good students.
Творительный/Instrumental / (С) кем? (С) чем? / Я знаком с этими хорошими **студентами**. I am acquainted with these good students.
Предложный/Prepositional / О ком? О чём? / Я слышал об этих хороших **студентах**. I have heard about these good students.

Feminine
Case / Questions
Именительный/Nominative / Кто? Что? / Эти **женщины** хорошие. *These women are good.*
Родительный/Genitive / Кого? Чего? Чей? / Вот паспорта этих хороших **женщин**. *Here are these good women's passports.*
Дательный/Dative / Кому? Чему? / Дайте воды этим хорошим **женщинам**. *Give some water to these good women.*
Винительный/Accusative / Кого? Что? / Я знаю этих хороших **женщин**. *I know these good women.*
Творительный/Instrumental / (С) кем? (С) чем? / Я знаком с этими хорошими **женщинами**. *I am acquainted with these good women.*
Предложный/Prepositional / О ком? О чём? / Я слышал об этих хороших **женщинах**. *I have heard about these good women.*

Neuter
Case / Questions
Именительный/Nominative / Кто? Что? / Эти **письма** важные. *These letters are important.*
Родительный/Genitive / Кого? Чего? Чей? / Вот адреса этих важных **писем**. *Here are addresses of these important letters.*
Дательный/Dative / Кому? Чему? / Уделите внимание этим важным **письмам**. *Pay attention to these important letters.*

Винительный/Accusative / Кого? Что? / Я прочитал эти важные **письма**. *I have read these important letters.*

Творительный/Instrumental / (С) кем? (С) чем? / Я знаком с этими важными **письмами**. *I am acquainted with these important letters.*

Предложный/Prepositional / О ком? О чём? / Я знаю об этих важных **письмах**. *I know about these important letters.*

Appendix 4 Demonstrative pronoun тот - that
Gender: Masculine / Feminine / Neuter / Plural
Nominative Case: Тот / Та / То / Те
Accusative Case *animate*: Того / Ту / То / Тех
Accusative Case *inanimate*: Тот / Ту / То / Те
Genitive Case: Того / Той / Того / Тех
Dative Case: Тому / Той / Тому / Тем
Instrumental Case: Тем / Той / Тем / Теми
Prepositional Case: Том / Той / Том / Тех

Appendix 5 Past Tense
The Past Tense in Russian is really quite easy to form. Using the past tense will allow you to tell stories in Russian, which is useful for explaining a little about yourself to people you meet.

In English there are quite a number of different past tenses, but in Russian there is simply one. Instead Russian uses the concept of aspects to indicate whether an action is completed or not. In the past tense you have to look at the gender of the subject. You need to take the stem of the verb and add one of the following endings:

Masculine: -л : работал *(worked)* Я работал вчера. *I worked yesterday*
Feminine: -ла : работала *(worked)* Она работала в пятницу. *She worked on Friday.*
Neuter: -ло : работало *(worked)* Кафе не работало на выходных. *Café didn't work on weekend.*
Plural: -ли : работали *(worked).* Мы работали в России в прошлом году. *We worked in Russia last year.*

Notice: The verb endings match with the different forms of the pronoun он *(he)*. This should help you remember how to form the verbs. When using pronouns such as я *(I)*, ты *(you)*, and Вы *(you)* it will depend on the gender of the actual person concerned:

Он говорил *(he said)*
Она говорила *(she said)*
Оно говорило *(it said)*
Они говорили *(he said)*
Мы говорили *(we said)*
Я говорил *(I said)* - a male speaking
Я говорила *(I said)* - a female speaking
Ты говорил *(you said)* - speaking to a male
Ты говорила *(you said)* - speaking to a female
Евгений говорил *(Yevgeny said)*

Продав_е_ц говор_и_л (a salesman said)
_А_нна говор_и_ла (Ann said)
Д_о_чь говор_и_ла (daughter said)

Appendix 6 Prefixed verbs of motion
Imperfective / Perfective
входи́ть / войти́ to go in, to enter
выходи́ть / вы́йти to go out, to leave, to exit
всходи́ть / взойти́ to go up, to ascend
доходи́ть / дойти́ to get to, to get as far as, to reach
заходи́ть / зайти́ to drop in, to stop by
обходи́ть / обойти́ to walk around, to bypass
отходи́ть / отойти́ to walk away
переходи́ть / перейти́ to go across, to turn
подходи́ть / подойти́ to approach
приходи́ть / прийти́ to arrive, to come
проходи́ть / пройти́ to go by, to go past
сходи́ть / сойти́ to go down, descend
уходи́ть / уйти́ to go from, to leave, depart

Appendix 7 Conjugated Verbs
Imperfective / Perfective / Translation
Бе́гать / Побежа́ть / run
Броди́ть / Побрести́ / stroll
Быть / Побы́ть / be (is, are, will, was)
Ви́деть / Уви́деть / see
Води́ть / Повести́ / drive, lead
Вози́ть / Повезти́ / transport, carry (by vehicle)
Говори́ть / Сказа́ть / speak, talk, say
Гоня́ть / Погна́ть / drive
Дава́ть / Дать / give
Де́лать / Сде́лать / do, make
Ду́мать / Поду́мать / think
Е́здить / Пое́хать / go (by vehicle)
Есть / Съесть / eat
Жить / Прожи́ть / live
Знать / Узна́ть / know
Изуча́ть / Изучи́ть / study
Име́ть / have
Ла́зить / Поле́зть / climb
Лета́ть / Полете́ть / fly
Люби́ть / Полюби́ть / love
Мочь / Смочь / can, able (to be able)
Носи́ть / Понести́ / carry, wear

Пл_а_вать / Попл_ы_ть / *swim*
П_о_лзать / Поползт_и_ / *crawl*
Поним_а_ть / Пон_я_ть / *understand*
Раб_о_тать / Пораб_о_тать / *work*
Сид_е_ть / Посид_е_ть / *sit*
Сл_у_шать(-ся) / Посл_у_шать(-ся) / *listen (to somebody)*
Смотр_е_ть(-ся) / Посмотр_е_ть(-ся) / *watch, look at*
Спр_а_шивать / Спрос_и_ть / *ask*
Станов_и_ться / Стать / *become, begin*
Сто_я_ть / Посто_я_ть / *stand*
Таск_а_ть / Потащ_и_ть / *pull, drag*
Ход_и_ть / Пойт_и_ / *go (on foot)*
Хот_е_ть(-ся) / Захот_е_ть(-ся) / *want, feel like*
Чит_а_ть / Прочит_а_ть / *read*

Appendix 8 Personal pronouns
Singular
1st person / 2nd person / 3rd person (masc.) / 3rd person (fem.) / 3rd person (neut.)
English: I, Me / You / He, Him / She, Her / It
Nominative Case: Я / Ты / Он / Он_а_ / Он_о_
Accusative Case: Мен_я_ / Теб_я_ / Ег_о_ / Её / Ег_о_
Genitive Case: Мен_я_ / Теб_я_ / Ег_о_ / Её / Ег_о_
Dative Case: Мне / Теб_е_ / Ем_у_ / Ей / Ем_у_
Instrumental Case: Мной / Тоб_о_й / Им / Ей / Им
Prepositional Case: Мне / Теб_е_ / Нём / Ней / Нём

Plural
1st person / 2nd person / 3rd person
English: We, Us / You / They, Them
Nominative Case: Мы / Вы / Он_и_
Accusative Case: Нас / Вас / Их
Genitive Case: Нас / Вас / Их
Dative Case: Нам / Вам / Им
Instrumental Case: Н_а_ми / В_а_ми / _И_ми
Prepositional Case: Нас / Вас / Них

Appendix 9 Possessive pronouns
English: My, Mine
1st Person
Masc. / Fem. / Neut. / Plural
Nominative Case: Мой / Мо_я_ / Моё / Мо_и_
Accusative Case *animate*: Моег_о_ / Мо_ю_ / Моё / Мо_и_х
Accusative Case *inanimate*: Мой / Мо_ю_ / Моё / Мо_и_
Genitive Case: Моег_о_ / Мо_е_й / Моег_о_ / Мо_и_х
Dative Case: Моем_у_ / Мо_е_й / Моем_у_ / Мо_и_м

Instrumental Case: Мо**им** / Мо**ей** / Мо**им** / Мо**ими**
Prepositional Case: Мо**ём** / Мо**ей** / Мо**ём** / Мо**их**

English: Your, Yours
2nd Person
Masc. / Fem. / Neut. / Plural
Nominative Case: Тво**й** / Тво**я** / Тво**ё** / Тво**и**
Accusative Case *animate*: Тво**его** / Тво**ю** / Тво**ё** / Тво**их**
Accusative Case *inanimate*: Тво**й** / Тво**ю** / Тво**ё** / Тво**и**
Genitive Case: Тво**его** / Тво**ей** / Тво**его** / Тво**их**
Dative Case: Тво**ему** / Тво**ей** / Тво**ему** / Тво**им**
Instrumental Case: Тво**им** / Тво**ей** / Тво**им** / Тво**ими**
Prepositional Case: Тво**ём** / Тво**ей** / Тво**ём** / Тво**их**

English: Our
1st Person
Masc. / Fem. / Neut. / Plural
Nominative Case: Н**аш** / Н**аша** / Н**аше** / Н**аши**
Accusative Case *animate*: Н**ашего** / Н**ашу** / Н**аше** / Н**аших**
Accusative Case *inanimate*: Н**аш** / Н**ашу** / Н**аше** / Н**аши**
Genitive Case: Н**ашего** / Н**ашей** / Н**ашего** / Н**аших**
Dative Case: Н**ашему** / Н**ашей** / Н**ашему** / Н**ашим**
Instrumental Case: Н**ашим** / Н**ашей** / Н**ашим** / Н**ашими**
Prepositional Case: Н**ашем** / Н**ашей** / Н**ашем** / Н**аших**

English: Your, Yours
2nd Person
Masc. / Fem. / Neut. / Plural
Nominative Case: В**аш** / В**аша** / В**аше** / В**аши**
Accusative Case *animate*: В**ашего** / В**ашу** / В**аше** / В**аших**
Accusative Case *inanimate*: В**аш** / В**ашу** / В**аше** / В**аши**
Genitive Case: В**ашего** / В**ашей** / В**ашего** / В**аших**
Dative Case: В**ашему** / В**ашей** / В**ашему** / В**ашим**
Instrumental Case: В**ашим** / В**ашей** / В**ашим** / В**ашими**
Prepositional Case: В**ашем** / В**ашей** / В**ашем** / В**аших**

Appendix 10 The 3rd person possessive pronouns
The 3rd person possessive pronouns (его - his, её - her, его - its, их - their) take the gender and the quantity of the possessing person/object:
Её книга. *Her book.*
Его книга. *His book.*
Их книги. *Their books.*

Appendix 11 Personal reflexive pronoun себя (-self)
English: Myself, himself, herself
Nominative Case: —
Accusative Case: Себ**я**

Genitive Case: Себя
Dative Case: Себе
Instrumental Case: Собой
Prepositional Case: Себе

Appendix 12 Reflexive possessive pronoun свой
English: My own, his own, her own
Masc. / Fem. / Neut. / Plural
Nominative Case: Свой / Своя / Своё / Свои
Accusative Case *animate*: Своего / Свою / Своё / Своих
Accusative Case *inanimate*: Свой / Свою / Своё / Свои
Genitive Case: Своего / Своей / Своего / Своих
Dative Case: Своему / Своей / Своему / Своим
Instrumental Case: Своим / Своей / Своим / Своими
Prepositional Case: Своём / Своей / Своём / Своих

Appendix 13 Pronoun сам
English: Myself, himself, herself
Masc. / Fem. / Neut. / Plural
Nominative Case: Сам / Сама / Само / Сами
Accusative Case *animate*: Самого / Саму / Само / Самих
Accusative Case *inanimate*: Сам / Саму / Само / Сами
Genitive Case: Самого / Самой / Самого / Самих
Dative Case: Самому / Самой / Самому / Самим
Instrumental Case: Самим / Самой / Самим / Самими
Prepositional Case: Самом / Самой / Самом / Самих

Appendix 14 Pronoun весь
English: All, the whole
Masc. / Fem. / Neut. / Plural
Nominative Case: Весь / Вся / Всё / Все
Accusative Case *animate*: Всего / Всю / Всё / Всех
Accusative Case *inanimate*: Весь / Всю / Всё / Все
Genitive Case: Всего / Всей / Всего / Всех
Dative Case: Всему / Всей / Всему / Всем
Instrumental Case: Всем / Всей / Всем / Всеми
Prepositional Case: Всём / Всей / Всём / Всех

Appendix 15 Common adjectives
alive - живой
attentive - внимательный
bad - плохой
beautiful - красивый
big - большой

boring - скучный
bright - яркий
cheap - дешёвый
clean - чистый

cold - холо́дный
comfortable - удо́бный
dark - тёмный
dear, expensive - дорого́й
dense, thick - густо́й
different - ра́зный
difficult - тру́дный
dirty - гря́зный
dry - сухо́й
easy - лёгкий
empty - пусто́й
far - далёкий
fast - бы́стрый
fat - то́лстый
favorite - люби́мый
first - пе́рвый
frequent - ча́стый
frightening - стра́шный
full - по́лный
good, nice - хоро́ший
great - вели́кий
happy - счастли́вый
hard, firm - твёрдый
heavy - тяжёлый
hot - жа́ркий
huge - огро́мный
important - ва́жный
interesting - интере́сный
kind - до́брый
last - после́дний

loud - гро́мкий
main - гла́вный
necessary - необходи́мый
new - но́вый
old - ста́рый
only, unique - еди́нственный
peaceful - споко́йный
personal - ли́чный
pleasant - прия́тный
powerful - си́льный
prepared, ready - гото́вый
private - ча́стный
rapid, quick - бы́стрый
respected - уважа́емый
sad - гру́стный
sharp - о́стрый
similar, alike - подо́бный
simple - просто́й
slow - ме́дленный
small - ма́ленький
soft - мя́гкий
strange - стра́нный
strict - стро́гий
strong - кре́пкий
sweet - сла́дкий
tall, high - высо́кий
usual - обы́чный
warm - тёплый
young - молодо́й

The 1300 important Russian words

Дни недели	Days of the week
воскрес_е_нье	Sunday
понед_е_льник	Monday
вт_о_рник	Tuesday
сред_а_	Wednesday
четв_е_рг	Thursday
п_я_тница	Friday
субб_о_та	Saturday
нед_е_ля	week
день	day
ночь	night
сег_о_дня	today
вчер_а_	yesterday
з_а_втра	tomorrow
_у_тро	morning
в_е_чер	evening

М_е_сяцы	Months
янв_а_рь	January
февр_а_ль	February
март	March
апр_е_ль	April
май	May
и_ю_нь	June
и_ю_ль	July
_а_вгуст	August
сент_я_брь	September
окт_я_брь	October
но_я_брь	November
дек_а_брь	December

Сез_о_ны г_о_да	Seasons of the year
зим_а_	winter
весн_а_	spring
л_е_то	summer
_о_сень	autumn

Семь_я_	Family
б_а_бушка	grandmother
брат	brother
внук	grandson
вн_у_чка	granddaughter
д_е_душка	grandfather
д_е_душка и б_а_бушка	grandparents
д_е_ти	children
дочь	daughter
д_я_дя	uncle
м_а_ма	mother
от_е_ц	father
п_а_па	dad
плем_я_нник	nephew
плем_я_нница	niece
праб_а_бушка	great-grandmother
прад_е_душка	great-grandfather
род_и_тели	parents
семь_я_	family
сестр_а_	sister

сын	son	с_и_льный	strong
тётя	aunt	сл_а_бый	weak
Внешность и качества	**Appearance and qualities**	ст_а_рый	old
		стр_о_йный	slim
акт_и_вный	active	такт_и_чный	tactful
б_е_дный, малоим_у_щий	poor	тал_а_нтливый	talented
		тв_о_рческий	creative
бог_а_тый, состо_я_тельный	rich	т_о_лстый	fat
		т_о_щий	skinny
в_е_жливый	polite	_у_мный	clever
вним_а_тельный	considerate	ур_о_дливый	ugly
волос_а_тый	hairy	хар_а_ктер	character
выс_о_кий	tall	холост_я_к, незам_у_жняя	single
гл_у_пый	stupid		
гр_у_бый	rude	худ_о_й	thin
д_о_брый	kind	щ_е_дрый	generous
ж_а_дный	greedy	энерг_и_чный	energetic
жен_а_тый, зам_у_жняя	married	**Эмоции**	**Emotions**
жест_о_кий	cruel	бестолк_о_вый, гл_у_пый	goofy
злой	unkind		
крас_и_вая	pretty	в ш_о_ке	shocked
крас_и_вый	handsome	взволн_о_ванный	excited
кудр_я_вый	curly	вост_о_рженный	ecstatic
л_ы_сый	bald	гол_о_дный	hungry
молод_о_й	young	гр_у_стный, печ_а_льный	sad
нев_ы_сокий	short		
невь_ю_щийся, прям_о_й	straight	дов_о_льный	content
		исп_у_ганный	scared
п_о_лный	plump	исп_ы_тывающий	thirsty

жажду		купальник	swimsuit
любопытный	curious	куртка	jacket
надеющийся	hoping	куртка с капюшоном	anorak
нервный	nervous		
неудачный	mischievous	носки	socks
обиженный	offended	ночнушка	nightie
одинокий	lonely	одежда	clothes
самоуверенный	confident	очки	glasses
скучающий	bored	пальто	coat
сонный	sleepy	перчатка	glove
счастливый	happy	пижама	pyjamas
удивлённый	surprised	платье	dress
уставший	tired	плащ	raincoat
эмоция	emotion	ремень	belt
Одежда	**Clothes**	рубашка	shirt
блузка	blouse	сандалии	sandals
ботинки	boots	свитер	sweater
браслет	bracelet	серёжка	earring
брюки	trousers	спортивный костюм	tracksuit
вязаный свитер	jersey		
галстук	tie	тапочки	slippers
джинсы	jeans	туфли	shoes
зонт	umbrella	футболка	T-shirt
кепка	cap	часы	watch
колготки	tights	чулки	stockings
колье	necklace	шарф	scarf
кольцо	ring	шерстяная кофта	cardigan
костюм	suit	шляпа	hat
кроссовки	sneakers	шорты	shorts

штаны	pants
шуба	fur coat
юбка	skirt

Дом и мебель	**House and furniture**
балкон	balcony
будильник	alarm clock
буфет, сервант	cupboard
ванная комната	bathroom
верхний этаж	upstairs
гараж	garage
гостиная	living room
дверной звонок	doorbell
дверь	door
диван	sofa
дом	house
душ	shower
зал	hall
занавеска	curtain
зеркало	mirror
интерьер	interior
картина; рисунок	picture
квартира	apartment
книжный шкаф	bookcase
ковёр	carpet
комната; помещение	room
коридор	hallway
кровать, постель	bed
крыша, кровля	roof
кухня	kitchen
лампа, светильник	lamp
лестница	stairs
матрац	mattress
мебель	furniture
наволочка	pillowcase
нижний этаж	downstairs
одеяло	blanket
окно	window
подушка	pillow
полка	shelf
постельное покрывало	bedspread
почтовый ящик	mailbox
простыня	sheet
рабочий стол	desk
сейф	safe
скамья, лавка	bench
спальня	bedroom
стол	table
столовая	dining room
стул; кресло	chair
табурет	stool
туалет, унитаз	toilet
тумбочка	nightstand
шкатулка	casket
шкаф	closet

Кухня	Kitchen
водопроводный кран	faucet
губка	sponge
духовка	oven
книга с рецептами	cookbook
контейнер	canister
конфорка	burner
кухня	kitchen
кухонная посуда	kitchenware
микроволновая печь	microwave
морозильная камера	freezer
печь, печка	stove
полотенце	towel
посудомоечная машина	dishwasher
раковина	sink
стол	table
стул	chair
тостер	toaster
холодильник	refrigerator
шкаф с ящиками	cabinet

Посуда	Tableware
бутылка	bottle
вилка	fork
кастрюля	pan
кастрюля для соуса	saucepan
кофейник	coffeepot
кружка	mug
крышка	lid
кувшин	jug
ложка	spoon
миска	bowl
нож	knife
перечница	pepper shaker
посуда	tableware
салфетка	napkin
сахарница	sugar bowl
сковорода	frying pan
солонка	salt shaker
стакан	glass
тарелка	plate
чайник	kettle
чайник для заварки	teapot
чашка	cup

Еда	Food
бифштекс, стейк	steak
блин, оладья	pancake
бутерброд	sandwich
варенье; джем	jam
вермишель	pasta
ветчина	ham
выпеченный	baked
говядина	beef
горький	bitter
еда	food

жа́реный	fried	са́хар	sugar
желе́	jelly	свини́на	pork
икра́	caviar	сла́дкий	sweet
кака́о	cocoa	сок	juice
карто́фель	potato	солёный	salted
ка́ша	porridge	соль	salt
ке́тчуп	ketchup	со́ус	sauce
ки́слый	sour	спе́ция, пря́ность	spice
кокте́йль	cocktail	суп	soup
колбаса́, соси́ска	sausage	сыр	cheese
конфе́та	candy	торт	cake
котле́та	cutlet	фасо́ль	bean
ко́фе	coffee	фру́кты	fruit
круасса́н	croissant	хлеб	bread
майоне́з	mayonnaise	цыплёнок	chicken
макаро́ны	macaroni	чай	tea
ма́сло	butter	шокола́д	chocolate
молоко́	milk	яйцо́	egg
моро́женое	ice cream	**Мя́со и ры́ба**	**Meat and fish**
мука́	flour	бара́нина	mutton
мя́со	meat	беко́н	bacon
о́вощи	vegetables	ветчина́	ham
пе́рец	pepper	говя́дина	beef
пече́нье	cookie	гусь	goose
пиро́г	pie	дома́шняя пти́ца	poultry
пи́цца	pizza	инде́йка	turkey
рис	rice	кальма́р	squid
ры́ба	fish	ка́мбала	plaice
сала́т	salad	краб	crab

креветка	prawn	груша	pear
курица	chicken	дыня	melon
лосось	salmon	киви	kiwi
мелкая креветка	shrimp	лайм	lime
мидия	mussel	лимон	lemon
морепродукты	seafood	манго	mango
мясо	meat	персик	peach
оленина	venison	слива	plum
омар	lobster	фрукт	fruit
печёнка	liver	яблоко	apple
почки	kidneys	**Овощи**	**Vegetables**
рыба	fish	баклажан	eggplant
сардина	sardine	бобы	beans
свинина	pork	горох	pea
селёдка	herring	капуста	cabbage
скумбрия	mackerel	картофель	potato
телятина	veal	лук	onion
треска	cod	морковь	carrot
устрица	oyster	овощ	vegetable
утка	duck	огурец	cucumber
форель	trout	перец	pepper
хек	hake	петрушка	parsley
ягнёнок	lamb	помидор	tomato
Фрукты	**Fruit**	редис	radish
абрикос	apricot	свекла	beet
ананас	pineapple	сельдерей	celery
банан	banana	тыква	pumpkin
виноград	grape	укроп	dill
грейпфрут	grapefruit	чеснок	garlic

Напитки	Beverages	добавлять	add
алкоголь, спирт	alcohol	жарить	fry
алкогольный напиток	alcoholic beverage	жарить на рашпере	grill
апельсиновый сок	orange juice	крошить	mince
безалкогольный напиток	soft drink	кулинария, готовка	cooking
		мыть	wash
		наливать	pour
вино	wine	отбивать	beat
вода	water	печь, выпекать	bake
какао	cocoa	плавить	melt
коктейль	cocktail	повар	cook
кофе	coffee	помешивать	stir
лимонад	lemonade	прожаривание	roast
молоко	milk	просеивать	sift
молочный коктейль	milkshake	резать ломтиками	slice
напиток	beverage	рубить	chop
овощной сок	vegetable juice	сбивать	whisk
пиво	beer	смешивать	mix
пить, алкогольный напиток	drink	снимать кожуру	peel
		тереть на тёрке	grate
сок	juice	тушить	simmer
томатный сок	tomato juice	**Уборка**	**Housekeeping**
фруктовый сок	fruit juice	ведро	bucket
холодный чай	iced tea	веник	broom
чай	tea	гладильная доска	ironing board
Приготовление еды (готовка)	**Cooking**	грязь	dirt
		губка	sponge
варить	boil	моющее средство	cleanser
взвешивать	weigh	мусор, отбросы	garbage

мусорное ведро	trash can	зеркало	mirror
опустошать, вытряхивать	empty	зубная нить	dental floss
		зубная паста	toothpaste
отбеливатель	bleach	зубная щётка	toothbrush
подметать, мести	sweep	корзина с крышкой	hamper
прищепка	clothespin	крем для бритья	shaving cream
проветривать	air	лак для ногтей	nail polish
протирать, мыть	wipe	мочалка	sponge
пылесос	vacuum cleaner	мыло	soap
пыль, вытирать пыль	dust	ножницы	scissors
		одеколон	cologne
совок для мусора	dustpan	освежитель	freshener
стиральный порошок	laundry detergent	пинцет, щипчики	tweezers
		полотенце	towel
стирка	laundry	раковина	sink
тряпка	rag	расчёска	comb
уборка	housekeeping	тушь для ресниц	mascara
утюг, утюжить	iron	унитаз, туалет	toilet
швабра с тряпкой	mop	уход	care
Уход за телом	**Body care**	фен	fan
бритва	razor	шампунь	shampoo
весы	scale	шпилька (для волос)	hairpin
гигиена	hygiene		
губная помада	lipstick	**Погода**	**Weather**
дезодорант	deodorant	ветер	wind
духи	perfume	ветреный	windy
душ	shower	град	hail
жидкость для полоскания рта	mouthwash	дождливый	rainy
		дождь	rain

жар__а__	heat	п__о__мощи	
ж__а__ркий	hot	мотоц__и__кл	motorcycle
лёгкий ветер__о__к	breeze	п__а__русник	sailboat
лёгкий тум__а__н	mist	п__о__езд	train
л__и__вень	shower	полиц__е__йский авто-	police car
м__о__лния	lightning	моб__и__ль	
мор__о__зный	frosty	самолёт	airplane
__о__блачный	cloudy	светоф__о__р	traffic light
пог__о__да	weather	ск__у__тер	scooter
прохл__а__дный	cool	трамв__а__й	tram
снег	snow	тр__а__нспорт	transport
с__о__лнечный	sunny	__у__лица	street
температ__у__ра	temperature	фург__о__н	van
тум__а__н	fog	**Город**	**City**
тум__а__нный	foggy	автобусная оста-	bus stop
х__о__лод, хол__о__дный	cold	н__о__вка	
хол__о__дный	chilly	автозапр__а__вочная	gas station
__я__сный, пог__о__жий	bright	ст__а__нция	
Транспорт	**Transport**	алле__я__	alley
авт__о__бус	bus	апт__е__ка	drugstore, phar-
автомоб__и__ль	car		macy
велосип__е__д	bicycle	банк	bank
вертолёт	helicopter	бар	bar
грузов__о__й автомо-	truck	басс__е__йн	baths, swimming
б__и__ль			pool
дор__о__га, шосс__е__	road	библиот__е__ка	library
кор__а__бль	ship	больн__и__ца	hospital
л__о__дка, шл__ю__пка	boat	б__у__лочная, пек__а__рня	bakery
маш__и__на ск__о__рой	ambulance	вор__о__та	gate

вр<u>а</u>чебный каб<u>и</u>н<u>е</u>т	doctor's	п<u>а</u>мятник	monument
галер<u>е</u>я	gallery	парикм<u>а</u>херская	hair salon
г<u>о</u>род (больш<u>о</u>й)	city	парк	park
г<u>о</u>род (небольш<u>о</u>й)	town	перекрёсток	crossing, intersection
гост<u>и</u>ница	hotel		
двор<u>е</u>ц	palace	перех<u>о</u>д	crosswalk, pedestrian crossing
дор<u>о</u>га	road		
дор<u>о</u>жный знак	road sign	план г<u>о</u>рода	street map, town plan
ж.д. вокз<u>а</u>л	train station		
зд<u>а</u>ние, стро<u>е</u>ние	building	пл<u>о</u>щадь	square
зооп<u>а</u>рк	zoo	подз<u>е</u>мный перех<u>о</u>д	subway, underpass
зубн<u>о</u>й каб<u>и</u>н<u>е</u>т	dentist's		
к<u>а</u>рта	map	пож<u>а</u>рное деп<u>о</u>	fire station
карт<u>и</u>нная галер<u>е</u>я	picture gallery	пол<u>и</u>ция	police
каф<u>е</u>	cafe	п<u>о</u>чта	post office
кин<u>о</u>	movie theater	просп<u>е</u>кт	avenue
кинотe<u>а</u>тр	cinema	рай<u>о</u>н	area
ки<u>о</u>ск	stall	ресторан	restaurant
кл<u>у</u>мба	flower-bed	р<u>ы</u>нок	market
кн<u>и</u>жный магаз<u>и</u>н	bookstore	светоф<u>о</u>р	traffic lights
магаз<u>и</u>н	shop, store	скамь<u>я</u>	bench
м<u>е</u>сто сто<u>я</u>нки автотр<u>а</u>нспорта	parking lot	стади<u>о</u>н	stadium
		ст<u>а</u>ту<u>я</u>	statue
метр<u>о</u>	underground	сто<u>я</u>нка маш<u>и</u>н	car park
мост; м<u>о</u>стик	bridge	сто<u>я</u>нка такс<u>и</u>	taxi-rank
муз<u>е</u>й	museum	суперм<u>а</u>ркет	supermarket
небоскрёб	skyscraper	те<u>а</u>тр	theatre
ночн<u>о</u>й клуб	nightclub	тротуа<u>р</u>	pavement, sidewalk
окр<u>а</u>ина, пр<u>и</u>город	suburb		

угол	corner	ры	stationery
улица	street	карандаш	pencil
универмаг	department store	карта	map
университет	university	класс	classroom
фонтан	fountain	классная доска	blackboard
цветочный магазин	flower shop	клей	glue
центральная пло- щадь	town square	клейкая лента	tape
		контрольная работа	test
церковь	church	корректор	correction fluid
цирк	circus	линейка	ruler
школа	school	маркер	highlighter, marker
Школа	**School**		
биология	biology	математика	mathematics
блокнот	notepad	мел	chalk
бумага	paper	музыка	music
география	geography	ножницы	scissors
глобус	globe	образование	education
директор школы	headmaster	оценка	mark
дырокол	puncher	папка	file
зажим	clamp	парта	desk
запирающийся шкафчик	locker	пенал	pencil case
		перемена	break
звонок	bell	планшет с зажимом	clipboard
история	history	расписание	timetable
калькулятор	calculator	резинка	eraser
каникулы	holiday	рисование	drawing
канцелярская кноп- ка	pushpin	ручка	pen
		рюкзак	backpack
канцелярские това-	office supplies,	семестр	semester

скобки для степлера	staples	водитель	driver
скотч	scotch tape	военнослужащий	military (man)
скрепка	clip	доктор, врач	doctor
степлер	stapler	журналист	journalist
стикер, наклейка	sticker	зубной врач	dentist
студент	student	инженер	engineer
стул	chair	кассир	cashier
тетрадь	notebook	композитор	composer
точилка	sharpener	конструктор, проектировщик	designer
урок, занятие	lesson	консультант, советник	consultant
учебник	textbook		
учебный план	curriculum	курьер	courier
ученик	pupil	медсестра	nurse
учитель	teacher	музыкант	musician
физика	physics	официант	waiter
химия	chemistry	парикмахер	barber, hairdresser
часы	clock		
школа	school	певец	singer
экзамен	exam	переводчик устный	interpreter
Профессии	**Professions**	писатель	writer
администратор, руководитель	administrator	повар	cook
		пожарный	fireman
актёр	actor	политик	politician
архитектор	architect	полицейский	policeman
бармен	barman	почтальон	postman
библиотекарь	librarian	программист	programmer
бухгалтер	accountant	продавец	shop assistant
ветеринар	vet	профессия	profession

сантехник	plumber	маршировать	march
священник	priest	нести, носить	carry
секретарь	secretary	нырять	dive
спортсмен	athlete	поднятие, поднимать	lift
стилист	stylist		
строитель	builder	подпрыгивать	hop
таксист	taxi driver	ползать	crawl
телохранитель	bodyguard	приседать	squat
тренер	coach	прислонять, опирать	lean
уборщик	cleaner		
управляющий, менеджер	manager	прыгать, скакать	jump
		сгибать(ся)	bend
учёный	scientist	сидеть; садиться	sit
учитель	teacher	толкать; пихать	push
финансист	financier	тянуть, тащить	drag, pull
фотограф	photographer	тянуться, вытягиваться	stretch
художник	artist		
экономист	economist	ударять (по чему-л.)	hit
экскурсовод	guide		
электрик	electrician	ходить на цыпочках	tiptoe
юрист, адвокат	lawyer	шлёпать, хлопать	slap
Действия	**Actions**	**Музыка**	**Music**
бежать, бегать	run	аккомпанимент	accompaniment
бить ногой	kick	аккордеон	accordion
бросать, кидать	throw	альбом	album
держать; обнимать	hold	альт	viola
идти, ходить	walk	арфа	harp
класть, ставить	put	балалайка	balalaika
ловить; поймать	catch	балет	ballet

барабан	drum	инструменты	
барабанные палочки	drum sticks	микрофон	microphone
видео-клип	video (clip)	музыкальные инструменты	musical instruments
виолончель	cello	музыкант	musician
виртуоз	virtuoso	опера	opera
волынка	bagpipe	оперетта	operetta
гитара	guitar	орган	organ
гобой	oboe	оркестр	orchestra
группа	band	перкуссия, ударные инструменты	percussion
динамик, громкоговоритель	loudspeaker	песня	song
дирижёр	conductor	пианино	piano
дирижёрская палочка	baton	писать музыку	compose
		рожок	horn
духовые инструменты	wind instruments	рояль	grand piano
		саксофон	saxophone
записывать нотами	transcribe	симфония	symphony
звук	sound	сингл песня	single
инструментальная музыка	instrumental music	синтезатор	synthesizer
		скрипка	violin
камерная музыка	chamber music	смычок	bow
кларнет	clarinet	солист	soloist
классическая музыка	classical music	сольный концерт	recital
		струнные инструменты	string instruments
композитор	composer		
контрабас	bass	тарелки	cymbals
концерт	concert	тромбон	trombone
медные духовые	brass instruments	труба	trumpet

туба	tuba	трусцой	
фагот	bassoon	прыжки в воду,	diving
флейта	flute	погружение	
Спорт	**Sports**	соревнование по	wrestling
атлетика	athletics	борьбе	
аэробика	aerobics	стрельба	shooting
баскетбол	basketball	танцы	dancing
бокс	boxing	теннис	tennis
боулинг	bowling	тяжёлая атлетика	weightlifting
волейбол.	volleyball	футбол	soccer, football
гимнастика	gymnastics	хоккей	hockey
гольф	golf	**Тело**	**Body**
гонки	racing	бедро	thigh
гребля на каноэ	canoeing	безымянный палец	ring finger
дзюдо	judo	большой палец	thumb
езда на велосипеде	cycling	борода	beard
карате	karate	бровь	eyebrow
катание на коньках	skating	веко	eyelid
катание на лыжах	skiing	волосатый	hairy
катание на ролико-	skateboarding	волосы	hair
вой доске		глаз, глаза	eye(s)
катание на санях	sledding	голень	shin
настольный теннис	ping-pong	голова	head
парашютный спорт	parachuting	грудная клетка	chest
парусный спорт	yachting	губа, губы	lip(s)
плавание	swimming	женщина	woman
плавание под пару-	sailing	живот, желудок	stomach
сами		зад	bottom
пробежка, бег	jogging	зрачок	pupil

зуб, зубы	tooth (teeth)	стопа (стопы)	foot (feet)
икра (икры ног)	calf (calves)	талия	waist
кисть руки	hand	тело	body
колено	knee	указательный па-	index finger
ладонь	palm	лец	
лицо	face	усы	moustache
лоб	forehead	человек, мужчина	man
лодыжка	ankle	шея	neck
локоть	elbow	щека	cheek
лысый	bald	язык	tongue
мизинец	little finger	**Природа**	**Nature**
нога	leg	берег, пляж	beach
ноготь	fingernail	гора	mountain
ноготь на пальце	toenail	джунгли, дебри	jungle
ноги		каньон	canyon
нос	nose	ледник	glacier
очки	glasses	лес	forest
палец	finger	море	sea
палец ноги	toe	морское побережье	coast
плечо	shoulder	низина, впадина	hollow
подбородок	chin	озеро	lake
пятка	heel	океан	ocean
ресница	eyelash	остров	island
рот	mouth	поле, луг	field
рука	arm	природа	nature
солнцезащитные	sunglasses	пруд	pond
очки		пустыня	desert
спина	back	равнина	plain
средний палец	middle finger	река	river

скал<u>а</u>, к<u>а</u>мень	rock	кенгур<u>у</u>	kangaroo
холм, возв<u>ы</u>шенность	hill	ко<u>а</u>ла	koala
		конь, л<u>о</u>шадь	horse
Домашнее животное	**Pet**	кр<u>ы</u>са	rat
		л<u>а</u>ма	llama
кот, к<u>о</u>шка	cat	лев	lion
кот<u>ё</u>нок	kitten	леоп<u>а</u>рд	leopard
кр<u>о</u>лик	rabbit	лет<u>у</u>чая мышь	bat
л<u>о</u>шадь	horse	лис<u>а</u>	fox
морск<u>а</u>я св<u>и</u>нка	guinea pig	лось	moose
порос<u>ё</u>нок	piglet	медв<u>е</u>дь	bear
свинь<u>я</u>	pig	мышь	mouse
соб<u>а</u>ка	dog	носор<u>о</u>г	rhinoceros
хом<u>я</u>к	hamster	обезь<u>я</u>на	monkey
щен<u>о</u>к	puppy	ол<u>е</u>нь	deer
Животные	**Animals**	ос<u>ё</u>л	donkey
бегем<u>о</u>т	hippopotamus	п<u>а</u>нда	panda
б<u>е</u>лка	squirrel	скунс	skunk
биз<u>о</u>н	bison	слон	elephant
боб<u>ё</u>р	beaver	тигр	tiger
верблю<u>д</u>	camel	шимпанз<u>е</u>	chimpanzee
волк	wolf	**Птицы**	**Birds**
ги<u>е</u>на	hyena	<u>а</u>ист	stork
гор<u>и</u>лла	gorilla	вороб<u>е</u>й	sparrow
жив<u>о</u>тное	animal	вор<u>о</u>на	crow
жир<u>а</u>ф	giraffe	г<u>о</u>лубь	pigeon
з<u>а</u>яц	rabbit	гусь	goose
з<u>е</u>бра	zebra	д<u>я</u>тел	woodpecker
каб<u>а</u>н	pig	жур<u>а</u>вль, ц<u>а</u>пля	crane

канарейка	canary	лотос	lotus
колибри	hummingbird	мак	poppy
кукушка	cuckoo	маргаритка	daisy
курица	chicken	нарцисс	daffodil, narcissus
ласточка	swallow	одуванчик	dandelion
лебедь	swan	орхидея	orchid
орёл	eagle	пион	peony
павлин	peacock	подснежник	snowdrop
пеликан	pelican	подсолнух	sunflower
пингвин	penguin	роза	rose
попугай	parrot	тюльпан	tulip
птица	bird	фиалка	violet
сова, филин	owl	цветок	flower
сокол	hawk	**Деревья**	**Trees**
страус	ostrich	берёза	birch
утка	duck	бук	beech
фазан	pheasant	ветка	branch
фламинго	flamingo	дерево	tree
чайка	seagull	дуб	oak
Цветы	**Flowers**	ель	fir
букет	bouquet	ива	willow
гвоздика	carnation	каштан	chestnut
георгина	dahlia	клён	maple
гладиолус	gladiolus	кора	bark
ирис	iris	корень	root
камелия	camellia	лес	forest
крокус	crocus	липа	linden
лаванда	lavender	лист	leaf
лилия	lily	пальма	palm

сосна	pine	тюлень	seal
ствол	trunk	улитка	snail
тополь	poplar	черепаха	turtle
шишка	cone	черепаха земная	tortoise
Море	**Sea**	**Цвета**	**Colors**
акула	shark	белый	white
аллигатор	alligator	голубой, синий	blue
выдра	otter	жёлтый	Yellow
дельфин	dolphin	зелёный	green
кашалот	cachalot	коричневый	brown
кит	whale	красный	red
коралл	coral	оранжевый	orange
краб	crab	розовый	pink
креветка	shrimp	серый	gray
крокодил	crocodile	чёрный	black
лягушка	frog	**Размер**	**Size**
медуза	jellyfish	близко	near
моллюск	mollusc	большой	big, large
море	sea	высокий	high, tall
морж	walrus	глубокий	deep
морская звезда	starfish	далеко	far
морская змея	sea snake	длинный	long
океан	ocean	короткий	short
омар	lobster	маленький	small, little
осьминог	octopus	мелкий	shallow
ракообразное	shellfish	низкий	low
речной рак	crayfish	огромный	huge
рыба	fish	размер	size
рыба-меч	swordfish	средний	medium

то́лстый	thick	жи́дкость	liquid
то́нкий	thin	заде́ржка	delay
у́зкий	narrow	каби́на (самолёта)	cockpit
широ́кий	wide	ко́рпус, фюзеля́ж	fuselage
Материа́лы	**Materials**	крыло́	wing
бето́н	concrete	ме́сто назначе́ния	destination
бума́га	paper	окно́	window
гли́на	clay	охра́нник	security, guard
древеси́на	wood	па́спорт	passport
ка́мень	stone	пассажи́р	passenger
карто́н	cardboard	подлоко́тник	armrest
кирпи́ч	brick	поса́дка (на борт)	boarding
ко́жа	leather	поса́дка, приземле́ние	landing
материа́л	material		
мета́лл	metal	прохо́д	aisle
пла́стик	plastic	расписа́ние	schedule
рези́на	rubber	рейс	flight
стекло́	glass	ручна́я кладь	carry-on
ткань	cloth, fabric	рюкза́к	backpack
Аэропо́рт	**Airport**	сало́н (самолёта)	cabin
ава́рия	emergency	самолёт	(air)plane
аэропо́рт	airport	сиде́нье, ме́сто	seat
бага́ж	baggage	спаса́тельный жиле́т	life vest
биле́т	ticket		
взлёт	takeoff	тамо́жня	customs
взлётно-поса́дочная полоса́	runway	теле́жка	trolley
		термина́л	terminal
ви́за	visa	туале́т	lavatory
вход / вы́ход	gate	хвост	tail

чемодан	suitcase
шасси	undercarriage
География	**Geography**
болото, топь	swamp
вершина	summit
вулкан	volcano
гора	mountain
горная местность	highlands
горная цепь	mountain chain -
город	city
государство / штат	state
деревня	village
джунгли	jungle
долина	valley
источник, родник, ключ	spring
канал	canal
край, область	region
ледник	glacier
лес	forest
море	sea
мыс	cape
небольшой город	town
низменность	lowlands
оазис	oasis
озеро	lake
океан	ocean
океаническое течение	ocean current
отвесная скала, утёс	cliff
пик	peak
плато, плоскогорье	plateau
пруд, заводь, водоём	pool / pond
пустыня	desert
равнина	plain
район	district
район, область	area
река	river
ручей	stream
столица	capital
страна	country
тропики	tropics
тундра	tundra
ущелье	pass
холм	hill
экватор	equator
Преступления	**Crimes**
бунт	riot
взяточничество	bribery
вооружённое нападение, разбойное нападение	assault
воровство в магазине	shoplifting
геноцид	genocide
государственная	treason

изм*е*на	
двоеж*ё*нство	bigamy
жест*о*кое обращ*е*ние с ребёнком	child abuse
з*а*говор	conspiracy
изнас*и*лование	rape
клевет*а*	slander
контраб*а*нда	smuggling
кр*а*жа со взл*о*мом	burglary
лжесвид*е*тельство	perjury
мош*е*нничество	fraud
наруш*е*ние, вторж*е*ние	trespassing
непредум*ы*шленное уб*и*йство	manslaughter
огробл*е*ние	robbery
подд*е*лка	forgery
подж*о*г	arson
похищ*е*ние людей	kidnapping
уб*и*йство	homicide, murder
уг*о*н тр*а*нспортного ср*е*дства	hijacking
*у*личное огробл*е*ние	mugging
шант*а*ж	blackmail
шпион*а*ж	espionage
Числа	**Numbers**
од*и*н	one
два	two
три	three
четыре	four
пять	five
шесть	six
семь	seven
в*о*семь	eight
д*е*вять	nine
д*е*сять	ten
од*и*ннадцать	eleven
двен*а*дцать	twelve
трин*а*дцать	thirteen
четырн*а*дцать	fourteen
пятн*а*дцать	fifteen
шестн*а*дцать	sixteen
семн*а*дцать	seventeen
восемн*а*дцать	eighteen
девятн*а*дцать	nineteen
дв*а*дцать	twenty
дв*а*дцать од*и*н	twenty-one
дв*а*дцать два	twenty-two
тр*и*дцать	thirty
с*о*рок	forty
пятьдес*я*т	fifty
шестьдес*я*т	sixty
с*е*мьдесят	seventy
в*о*семьдесят	eighty
девян*о*сто	ninety
сто	one hundred
сто од*и*н	one hundred and

	one …	восемнадцатый	eighteenth
двести	two hundred	девятнадцатый	nineteenth
тысяча	one thousand	двадцатый	twentieth
миллион	one million	двадцать первый	twenty-first
Порядковые числительные	**Ordinal numbers**	двадцать второй	twenty-second
		двадцать третий	twenty-third
первый	first	двадцать четвёртый	twenty-fourth
второй	second	двадцать пятый	twenty-fifth
третий	third	двадцать шестой	twenty-sixth
четвёртый	fourth	двадцать седьмой	twenty-seventh
пятый	fifth	двадцать восьмой	twenty-eighth
шестой	sixth	двадцать девятый	twenty-ninth
седьмой	seventh	тридцатый	thirtieth
восьмой	eighth	сороковой	fortieth
девятый	ninth	пятидесятый	fiftieth
десятый	tenth	шестидесятый	sixtieth
одиннадцатый	eleventh	семидесятый	seventieth
двенадцатый	twelfth	восьмидесятый	eightieth
тринадцатый	thirteenth	девяностый	ninetieth
четырнадцатый	fourteenth	сотый	hundredth
пятнадцатый	fifteenth	тысячный	thousandth
шестнадцатый	sixteenth	миллионный	millionth
семнадцатый	seventeenth		

Recommended books

First Russian Reader (Volume 1)
Bilingual for Speakers of English
Beginner Elementary (A1 A2)

There are simple and funny Russian texts for easy reading. The book consists of Elementary and Pre-intermediate courses with parallel Russian-English texts. The author m aintains learners' motivation with funny stories about real life situations such as meeting people, studying, job searches, working etc. The ALARM method (Approved Learning Automatic Remembering Method) utilize natural human ability to remember words used in texts repeatedly and systematically. The author had to compose each sentence using only words explained in previous chapters. The second and the following chapters of the Elementary course have only 30 new words each. Audio tracks are available inclusive on www.lppbooks.com/Russian/FirstRussianReader_audio/En/

First Russian Reader (Volume 2)
Bilingual for Speakers of English
Elementary (A2)

This book is Volume 2 of First Russian Reader for Beginners. There are simple and funny Russian texts for easy reading. The book consists of Elementary course with parallel Russian-English texts. The author maintains learners' motivation with funny stories about real life situations such as meeting people, studying, job searches, working etc. The ALARM method (Approved Learning Automatic Remembering Method) utilize natural human ability to remember words used in texts repeatedly and systematically. Audio tracks are available inclusive on www.lppbooks.com/Russian/FirstRussianReaderVolume2_audio/En/

Second Russian Reader
Bilingual for Speakers of English
Elementary Pre-Intermediate (A2 B1)

If you already have background with Russian language, this book is the best one to try. It makes use of the so-called ALARM or Approved Learning Automatic Remembering Method to efficiently teach its reader Russian words, sentences and dialogues. Through this method, a person will be able to enhance his or her ability to remember the words that has been incorporated into consequent sentences from time to time. Audio tracks available on the publisher's homepage free of charge will teach you Russian pronunciation. The author of this book used every opportunity to use the words used in the previous chapters to explain the succeeding chapter. Audio tracks are available inclusive on www.lppbooks.com/Russian/SecondRussianReader_audio/En/

Learn Russian Language Through Dialogue
Bilingual for Speakers of English
Beginner Elementary (A1 A2)

The textbook gives you many examples on how questions in Russian should be formed. It is easy to see the difference between Russian and English using parallel translation. Common questions and answers used in everyday situations are explained simply enough even for beginners. A lot of pictures with vocabulary and some sayings and jokes make it engaging despite six cases that make Russian a little difficult for some students. Audio tracks are available inclusive on www.lppbooks.com/Russian/Russian_Questions_and_Answers_audio/En

First Russian Medical Reader for Health Professions and Nursing
Bilingual for Speakers of English
Beginner Elementary (A1 A2)

If you took Russian in high school or university and need Russian for your career in the medical or health field, you need to update your vocabulary and phrases to a professional level. First Russian Medical Reader for Health Professions and Nursing will give you the words and phrases necessary for helping patients making appointments, informing them of their diagnosis, and their treatment options. Medical specialties range from ENT to dentistry. Supplementary resources include the Russian/English and English/Russian dictionaries. Use this book to take your Russian knowledge to the health professional's level. Audio tracks are available inclusive on www.lppbooks.com/Russian/FRMR/En/

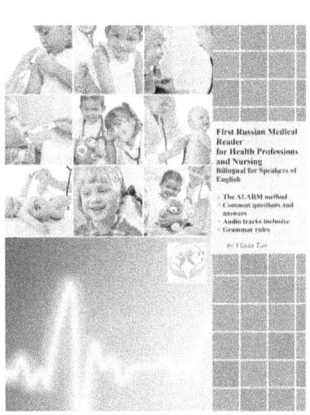

Russian Reader for Cooking
Bilingual for Speakers of English
Beginner Elementary (A1 A2)

When learning a language, familiarity in the subject helps connect one language to another. Russian Reader for Cooking provides the words and phrases in both English and Russian. Twenty-five chapters are divided into themes and topics related to cooking and food. Recipe directions along with easy questions and answers demonstrate the usage of these words and phrases. Supplementary resources include the Russian/English and English/Russian dictionaries. It might make you hungry or it might help Russian language learners like you improve their understanding in a familiar setting of the kitchen. Audio tracks are available inclusive on www.lppbooks.com/Russian/FRRC/En/

First Russian Reader for Tourists
Bilingual for Speakers of English
Beginner (A1)

If you would like to travel and learn Russian at A1 level, this book is a good choice. Unlike a phrasebook, it is composed with the thought of systematic learning approach. The book makes use of the so-called ALARM or Approved Learning Automatic Remembering Method to efficiently teach its reader Russian words, sentences and dialogues. Through this method, a person will be able to enhance his or her ability to remember the words that has been incorporated into consequent sentences. By practicing this method, Russian can be learned in a convenient way. Audio tracks are available inclusive on www.lppbooks.com/Russian/FRRT/En/

First Russian Reader for Business
Bilingual for Speakers of English
Beginner Elementary (A1 A2)

The Russian you learn in high school or college does not always include the vocabulary you need in a professional environment. The First Russian Reader for Business is a resource that guides conversational bilinguals with the Russian vocabulary, phrases, and questions that are relevant to many situations in the workplace. With 25 chapters on topics from the office to software and supplementary resources including the Russian/English and English/Russian dictionaries, it is the book to help the businessperson take their Russian language knowledge to the professional level. Audio tracks are available inclusive on www.lppbooks.com/Russian/FRRB/En/

First Russian Reader for the Family
Bilingual for Speakers of English
Beginner Elementary (A1 A2)

How do you ask in a clear and precise way about relatives and friends of your friends? How do you answer questions about your family and other beloved ones? Ask and answer questions about situations at home, on your way to school or university, at work, in hospital etc. The book makes use of the so-called ALARM or Approved Learning Automatic Remembering Method to efficiently teach its reader Russian words, sentences and dialogues. Through this method, you will be able to enhance your ability to remember the words that has been incorporated into consequent sentences. By practicing this method, Russian can be learned in a convenient way. Audio tracks are available inclusive on www.lppbooks.com/Russian/FRRF/En/

First Russian Reader for Students
Bilingual for Speakers of English
Beginner Elementary (A1 A2)

Each chapter of First Russian Reader for Students is filled with words that are organized by topic, then used in a story in Russian. Questions and answers rephrase information and text is repeated in English to aid comprehension. The quick and easy-to-use format organizes many of everyday situations from knowing your way around the house, studying at university, or going shopping. First Russian Reader for Students makes use of the so-called ALARM or Approved Learning Automatic Remembering Method to efficiently teach its reader Russian words, sentences and dialogues. Through this method, a person will be able to enhance his or her ability to remember the words that has been incorporated into consequent sentences from time to time. Audio tracks are available inclusive on www.lppbooks.com/Russian/FRRS/En/

www.ingramcontent.com/pod-product-compliance
Lightning Source LLC
Chambersburg PA
CBHW081917170426
43200CB00014B/2758